낭송

태조실록

낭송Q시리즈 조선왕조실록편 낭송 태조실록

발행일 2017년 10월 26일(丁酉年 庚戌月 丙戌日) | **풀어 읽은이** 정기재 |
펴낸곳 북드라망 | **펴낸이** 김현경 | **주소** 서울시 종로구 사직로8길 24 1221호(내수동, 경희궁의아침 2단지) |
전화 02-739-9918 | **이메일** bookdramang@gmail.com

ISBN 979-11-86851-63-0 04910 979-11-86851-62-3(세트) | 이 도서의 국립중앙도서관 출판시도서목록(CIP)은 서지정보유통지원시스템 홈페이지(http://seoji.nl.go.kr)와 국가자료공동목록시스템(http://www.nl.go.kr/kolisnet)에서 이용하실 수 있습니다.(CIP제어번호: CIP2017026212) |

책으로 여는 지혜의 인드라망, 북드라망 www.bookdramang.com

낭송
Q
시리즈

조선왕조실록편

01

낭송

태조실록

정기재
풀어
읽음

티

▶낭송Q시리즈 조선왕조실록편 『낭송 태조실록』 사용설명서◀

1. '낭송Q'시리즈의 '낭송Q'는 '낭송의 달인 호모 큐라스'의 약자입니다. '큐라스'(curas)는 '케어'(care)의 어원인 라틴어로 배려, 보살핌, 관리, 집필, 치유 등의 뜻이 있습니다. '호모 큐라스'는 고전평론가 고미숙이 만든 조어로, 자기배려를 하는 사람, 즉 자신의 욕망과 호흡의 불균형을 조절하는 능력을 지닌 사람을 뜻하며, 낭송의 달인이 호모 큐라스인 까닭은 고전을 낭송함으로써 내 몸과 우주가 감응하게 하는 것이야말로 최고의 양생법이자, 자기배려이기 때문입니다(낭송의 인문학적 배경에 대해 더 궁금하신 분들은 고미숙의 『낭송의 달인 호모 큐라스』를 참고해 주십시오).

2. 낭송Q시리즈는 '낭송'을 위한 책입니다. 따라서 이 책은 꼭 소리 내어 읽어 주시고, 나아가 짧은 구절이라도 암송해 보실 때 더욱 빛을 발합니다. 머리와 입이 하나가 되어 책이 없어도 내 몸 안에서 소리가 흘러나오는 것, 그것이 바로 낭송입니다. 이를 위해 낭송Q시리즈의 책들은 모두 수십 개의 짧은 장들로 이루어져 있습니다. 암송에 도전해 볼 수 있는 분량들로 나누어 각 고전의 맛을 머리로, 몸으로 느낄 수 있도록 각 책의 '풀어 읽은이'들이 고심했습니다.

3. 최고의 양생법이자 새로운 독서법으로서의 '낭송'을 처음 세상에 알린 **낭송Q시리즈의 시즌 1**은 **동청룡·남주작·서백호·북현무편**으로 이루어져 있으며, 사계절의 기운을 담고 있는 것을 특징으로 합니다. 동청룡편에는 봄의 창조적 기운, 남주작편에는 여름의 발산력과 화려함, 서백호편에는 가을의 결단력, 북현무편에는 지혜와 상상력을 키울 수 있는 고요함을 품은 고전들이 속해 있습니다. 각 편 서두에는 판소리계 소설을, 마무리에는 네 편으로 나눈 『동의보감』을 하나씩 넣었고, 그 사이에 유교와 불교의 경전, 동아시아 최고의 명문장들을 배열했습니다.

▷ 동청룡: 『낭송 춘향전』, 『낭송 논어/맹자』, 『낭송 아함경』, 『낭송 열자』, 『낭송 열하일기』, 『낭송 전습록』, 『낭송 동의보감 내경편』

▷ 남주작 : 『낭송 변강쇠가/적벽가』, 『낭송 금강경 외』, 『낭송 삼국지』, 『낭송 장자』, 『낭송 주자어류』, 『낭송 홍루몽』, 『낭송 동의보감 외형편』

▷ 서백호 : 『낭송 흥보전』, 『낭송 서유기』, 『낭송 선어록』, 『낭송 손자병법/오자병법』, 『낭송 이옥』, 『낭송 한비자』, 『낭송 동의보감 잡병편 (1)』

▷ 북현무 : 『낭송 토끼전/심청전』, 『낭송 도덕경/계사전』, 『낭송 대승기신론』, 『낭송 동의수세보원』, 『낭송 사기열전』, 『낭송 18세기 소품문』, 『낭송 동의보감 잡병편 (2)』

4. **낭송Q시리즈 시즌 2**는 고전과 몸 그리고 일상이 조화를 이루는 훈련으로서의 낭송에 초점을 맞추었습니다. **샛별편**에는 전통시대의 초학자들이 제일 먼저 배우며 가장 오래도록 몸과 마음에 새겨놓은 고전을 담았고, 원문으로 읽는 **디딤돌편**은 몸으로 원문의 리듬을 익혀 동양 고전과 자유자재로 접속할 수 있는 힘을 키울 수 있도록 했습니다. 또 **민담·설화편**은 입에서 입으로 전해지는 낭송의 진수를 보여 주는 우리나라 각 지역의 옛날이야기들을 모았습니다.

▷ 샛별편: 『낭송 천자문/추구』, 『낭송 명심보감』, 『낭송 격몽요결』

▷ 원문으로 읽는 디딤돌편: 『낭송 대학/중용』

▷ 민담·설화편: 『낭송 경기도의 옛이야기』, 『낭송 경상북도의 옛이야기』, 『낭송 경상남도의 옛이야기』, 『낭송 제주도의 옛이야기』(강원·충청·전라도의 옛이야기들도 근간 예정)

5. 낭송Q시리즈 **조선왕조실록편**은 낭송Q시리즈 시즌 2의 연장으로, 조선 태조로부터 철종에 이르기까지 25대 472년간의 역사를 연월일 순서에 따라 편년체로 기록한 조선왕조실록을 낭송에 맞게 새롭게 엮었습니다. 낭송을 통해 역사 속 인물과 당대의 일상이 생생하게 살아 있는 역사 현장을 경험하게 되었으면 하는 바람을 조선왕조실록편에 담았습니다. 먼저 『낭송 태조실록』, 『낭송 태종실록』, 『낭송 세종실록』, 『낭송 성종실록』을 선보입니다.

6. 낭송Q시리즈 조선왕조실록편인 이 책 『낭송 태조실록』은 1392년 7월부터 1398년 12월까지 태조의 재위 6년 6개월간의 기록이 담긴 『태조실록』을 풀어 읽은이가 그 편제를 새롭게 해서 각색하고 엮은 것입니다.

차례

머리말
충성과 의리의 밴드, 조선을 창업하다 10

一 · 맹장, 이성계

1-1. 전주 이씨, 동북면으로 가다 24
1-2. 신궁 이성계 34
1-3. 여진을 제압하다 38
1-4. 전장의 호랑이 40
1-5. 황산대첩 44
1-6. 나라를 구한 영웅 49
1-7. 일생을 바친 심복들 52

二 · 창업의 길

2-1. 위화도 회군 60
2-2. 권문세족들의 시기와 반발 71
2-3. 정몽주의 죽음 74
2-4. 왕위에 오르다 80
2-5. 개국의 조짐들 86
2-6. 새 나라의 이름, 조선 89
2-7. 명산대천(名山大川)에 새 벼슬을 내리다 92
2-8. 피할 수 없는 왕씨 숙청 95

朝鮮王朝實錄

三 · 새 하늘 새 땅, 한양 천도

3-1. 새 도읍 한양 100
3-2. 한양의 설계도를 그리다 107
3-3. 천지신명께 안전한 공사를 비나이다 110
3-4. 궁궐 짓는 승려들 114
3-5. 경복궁에 새겨진 뜻 117
3-6. 20만 명이 1년 만에 쌓은 한양 도성 126
3-7. 고단한 도성 쌓기 130
3-8. 한양 큰 길에 종을 달다 132
3-9. 신도팔경(新都八景) 136

四 · 충성과 의리의 밴드

4-1. 왕자보다 공신을 우대하라 142
4-2. 공신을 비방함은 조선을 비방함이라! 144
4-3. 조선의 설계자, 정도전 148
4-4. 벗 정도전에게 보낸 편지 152
4-5. 군권을 모두 맡긴 조준 156
4-6. 보좌관 남은 161
4-7. 신분을 넘어 공신에 책봉하다 165
4-8. 시호를 바꿔 주다 170
4-9. 공신들, 틈이 벌어지다 173

太祖實錄

五 · 태조의 아들들

5-1. 7인 7색, 태조의 아들들 178
5-2. 1차 왕자의 난 ①—동지들의 죽음 190
5-3. 1차 왕자의 난 ②—대세가 기울다 199
5-4. 1차 왕자의 난 ③—세자를 바꾸다 206
5-5. 수정포도를 구하는 마음 212
5-6. 태상왕의 슬픔 214
5-7. 배신한 신하들에 분노하다 217

六 · 새 나라의 정치제도

6-1. 임금의 공부, 경연 222
6-2. 왕도 볼 수 없는 사초(史草) 225
6-3. 조선의 새벽 조회 231
6-4. 조선의 언로를 열다 235
6-5. 형벌의 기준을 세우다 239
6-6. 태평시대의 군사 훈련, 강무 242
6-7. 실무자 양성기관 245

朝鮮王朝實錄

七 · 동북아의 역사 속에서

7-1. 조선과 명의 줄다리기 250
7-2. 돌아오지 못한 사신들 256
7-3. 황제의 마음을 돌린 권근 260
7-4. 귀화하는 북방 야인들 268
7-5. 투항하는 왜구들 272
7-6. 왜적을 공포에 떨게 한 화약 276
7-7. 조선에 온 이방인들 279

八 · 일상의 풍경들

8-1. 재변에 대처하는 자세 284
8-2. 흥겨운 단오 풍경 288
8-3. 금주령과 음주 사건들 292
8-4. 천태만상 관리들 297
8-5. 말보다 못한 노비의 몸값 302
8-6. 목화씨가 들어온 사연 305
8-7. 조선에 남은 고려대장경 307

참고자료 조선왕조실록 속 관직명 310

太祖實錄

낭송
태조실록

머리말

충성과 의리의 밴드, 조선을 창업하다

1. 수다의 원천, 조선왕조실록

그야말로 조선왕조실록 전성시대다. 서점에는 조선에 관한 책이 빼곡하고, 조선에 대한 드라마, 웹툰, 강연이 넘쳐난다. 작가들은 실록에서 건져 올린 이야기를 들려주고, 독자들은 그 이야기에 귀를 기울인다. 여기저기 모여 앉아 각자의 방식으로 조선에 대해 수다를 떨고 있는 셈이다. 남산 기슭에서 4년째 조선왕조실록을 읽고 있는 우리의 모습도 별반 다르지 않다. 매주 월요일마다 모여 앉아 우리가 하는 일은, 맹렬한 수다다. 태조 이성계의 고집은 누군가의 남편과 연결되고, 조선의 성추문은 현대의 성윤리와 겹쳐진다. 수백 년을 넘나드는 수다 난장이 벌어지는 것이다.

조선왕조실록이 우리의 수다 본능을 자극하는 데는 이유가 있다. 우선 수다를 떨 소재가 무궁무진하다. 조선왕조실록은 태조부터 25대 철종까지, 470년간 조선의 왕과 정사政事에 관해 기록한 역사서다. 그런데 여기서 주목해야 할 것이 '정사'의 범위다. 지금에야 정사가 공식적인 국가 업무에 국한되지만, 근대 이전에는 사람은 물론 천지자연의 일이 모두 정사에 해당했다. 그리하여 조선왕조실록에는 임금과 사대부는 물론 농민이나 노비의 삶, 저잣거리의 스캔들, 산천초목의 변화가 망라돼 있다. 조선왕조실록에는 우리가 취향에 따라 골라 읽을 수 있는 이야기가 무궁무진하다.

또 하나, 조선왕조실록의 이야기는 모두 실제 있었던 일, 즉 팩트다. 그것도 매우 구체적이고 상세하게 기록된 팩트. '실록'實錄이란 말 자체가 '실제 있었던 일(사실)을 기록'했다는 뜻이고, 조선의 사관들은 이 원칙에 충실했다. 누구를 만나건 어떤 일을 하건 사관은 임금의 코앞에 앉아 사람들의 표정, 말의 뉘앙스, 주변의 상황을 생생히 묘사했다. 그런데 실제 삶의 현장이 재미있는 건 다양한 욕망과 감정이 맞물려 엉뚱한 결과를 도출하기 때문이다. 설명 불가능한 욕망으로 이해할 수 없는 선택을 반복하는 것이 실제 삶이고 팩트다. 조선왕조실록에는 이렇게 수많은 변수와 우연이 만들어 내는 변화무쌍한 인간극장이 펼쳐진다. 최영의 출병을 막은 우왕의 선택이 고려의 종말을 재촉했고, 막내아들을 세자로 세운 태조의 선택은 왕자의 난을 초래했다. 이처럼 사관의 붓끝에서 되살아난 조선 사람들의 삶은 드라마보다 재밌는 얘깃거리를 제공한다.

스케일만 조금 다를 뿐 실록 속에서 만나는 건 우리와 별반 다르지 않은 사람들의 삶이다. 우리의 삶 또한 언제나 합리적이고 이성적인 방향으로 진행되지 않으며, 주체할 수 없는 욕망과 감정으로 이해할 수 없는 선택을 반복한다. 우리는 그들에게서 우리의 모습을 발견하고, 질문하고, 조언을 얻는다. 그렇게 실록은 우리에게 수많은 수다거리를 제공하고, 그를 통해 지혜를 순환시킨다. 이번 『낭송 태조실록』으로 이러한 실록의 가치를 모두 전하기는 역부족이다. 다만, 독자들이 이 책을 낭랑하게 낭송하고, 그것을 워밍업 삼아 조선에 관한 수다에 동참하기를 기대해 본다.

2. 무장의 정치, 유학자의 나라를 세우다

조선왕조실록에는 드라마보다 더 극적인 실화가 가득하다. 그 중에서도 『태조실록』에는 고려 말이라는 격동의 시절을 관통하는 사람들의 파란만장한 삶이 펼쳐진다. 14세기 후반의 고려는 나아가야 할 좌표를 잃고 흔들리고 있었다. 내부적으로는 지켜야 할 원칙이 무너졌고, 외부적으로는 원나라와 명나라의 대립으로 한치 앞을 가늠할 수 없었다. 원칙이 무너진 시절에는 예측 불가능한 우연이 세상을 지배한다. 이러한 시대 사람들이 선택할 수 있는 길은 한 가지다. 각자도생. 각자 알아서 최선을 다해 생존을 도모할 것.

태조 이성계는 전장에서 길을 찾았다. 동북면에서 여진인들과 자라면서 배우고 익힌 활 솜씨와 기마 솜씨를 생존의 무기로 활용한 것이다. 동북면은 오늘날의 함경남도 지역이다. 지금에야 우리 땅이지만, 고려 말까지만 해도 원나라가 지배하고 여진족이 거주하던 국경 너머 오랑캐 땅이었다. 때문에 이곳 출신인 태조는 고려 중앙귀족에게 환영받지 못했다. 결국 태조는 개경에 입성한 지 5년 만에 다시 고향으로 되돌아간다. 그의 나이 27세였다.

이때부터 왕위에 오르는 58세 때까지 태조는 평생 전장을 누빈다. 그런데 전장이란 곳은 개인의 실력만으로 살아남을 수 있는 곳이 아니다. 수많은 병사들이 뒤엉켜 싸워야 하기에 서로의 뒤를 지켜 주는 믿음직한 전우가 생사를 가른다. 때문에 태조의 시선은 언제나 뒤를 맡길 만한 '충직'忠直한 사람을 찾는 데 집중됐다. 그런데 '충'忠은 우리가 알고 있는 것처럼 윗사람에 대한 절대적 복종이 아니다. '충'은 '마음'[心]과 '중심'[中]이 합해진 글자로, 그대로 해석하자면 마음의 중심을 지킨다는 뜻이다. 즉, 외부의 누군가가 아니라 자신의 진심을 따르는 것이 진정한 '충'이다. 이처럼 기준을 자신의 진심에 놓을 때, '충'은 수직적 주종관계가 아니라 수평적 동지관계로 전환된다. 윗사람의 명령에 절대적으로 복종하는 상명하복의 관계가 아니라, 진심을 다해 '충고'忠告하고, '충언'忠言하는 관계가 진정한 충성과 의리의 네트워크가 되는 것이다.

이런 이유로 태조는 충심을 가진 휘하의 장수들을 신하가 아닌 동지나 형제로 대우했다. 여진족 출신 이지란은 형제보다 가까웠고, 전장을 함께 누빈 수하들은 빠짐없이 공신에 책봉됐다. 수하가 병이 들었을 때에는 직접 병문안을 갔고, 죽음을 맞이했을 때는 통곡하며 애통해했다. 이러한 관계는 사대부들과도 마찬가지였다. 태조가 보기에 사대부들은 고려 정계에서 가장 자신의 원칙에 충직한 사람이었다. 이에 태조는 9년간 귀양지를 전전하던 초라한 정도전을 조건 없이 휘하에 거둔다. 덕분에 태조의 주변은 늘 그를 따르는 이들로 북적였고, 여진인, 몽골인, 고려의 사대부들이 뒤섞여 있었다. 다양한 국적을 가진 다양한 신분의 사람들이 태조를 중심으로 충성과 의리의 밴드를 형성한 것이다.

충성과 의리를 기초로 한 수평적인 공동체. 그곳의 대표가 뜻밖에 정치권력을 잡게 되면 어떤 일이 벌어질까? 우리의 짐작처럼 권력을 향한 피비린내 나는 정쟁이 펼쳐지고, 결국 절대 권력자가 탄생할 것인가? 아니면 국가 이전 사회의 군장과 샤먼처럼 권력을 공유할 것인가?

1388년, 태조는 위화도 회군으로 뜻밖에 정치권력을 장악하게 된다. 보통 이런 경우 집권자는 상명하복의 절대권력을 구축하곤 한다. 멀리는 한나라 고조 유방이 그랬고, 가까이는 명나라 태조 주원장이 그랬다. 이들은 모두 절대권력을 장악하기 위해 자신의 창업 동지들을 무참히 제거했다. 그러나 태조는 전혀 다른 길을 선택한다. 자신의 정치 권력을 지체 없이 정몽주와 정도전 등 사대부들에게 양도하고, 자신은 그들을 엄호하는 일을 자처한 것이다. 사대부들에게 정치 전반을 일임하고, 자신은 도읍을 옮기고, 도성을 쌓고, 왜적을 무찌르는 일을 맡았다. 군사적 수장으로서의 권력은 자신이 행사하고, 정치적 수장으로서의 권력은 사대부들에게 양도한 것이다.

흔히들 조선을 재상 중심 국가라고 말한다. 임금이 있으되 실제 나라를 움직이는 것은 재상이라는 뜻이다. 그리고 이런 조선을 구상한 주인공으로 모두들 정도전을 꼽는다. 정도전이 새 나라에 대한 설계를 마치고, 큰 퍼즐을 완성하기 위한 마지막 단계에 태조를 찾아왔다는 것이다. 그러나 정도전이 동북면으로 태조를 찾아왔을 때, 정도전의 처지는 그다지 번듯하지 못했다. 오랫동안 귀양지를 전전하면서 벗들은 모두 떠났고, 생계까지 곤궁한 처지였다. 그런 그를 거둬 자신의 밴드에 편입시킨 사람이 바로 태조 이성계다. 이런 정황으로 봤을 때, 정도전이 태조를 선택해 왕으로 만들었다기보다, 정도전이 태조를 만나고 새 나라를 꿈꿨다고 보는 것이 옳다. 그리고 태조는 충성과 의리의 동지들에게 자신의 권력을 과감히 양도함으로써 임금과 재상이 권력을 공유하는 분권적 정치 시스템을 완성한 것이다.

태조는 평생 전장을 누빈 무장이다. 때문에 그는 왕을 중심으로 일렬로 줄서 있는 조정에는 익숙지 않았다. 대신 여러 장수들이 마주보고 앉은 전장의 막사가 그의 자리였다. 태조와 동지들의 관계는 이 막사 안의 풍경과 같았다. 수직적 위계관계가 아니라 수평적 의리관계. 정치가 수직관계에서 수평관계로 전환될 때, 권력은 하나로 집중되는 대신 여러 개로 분산된다. 중심이 하나보다는 두 개일 때, 두 개보다는 세 개일 때, 사람은 서로 소통하고 사회는 유연하게 흘러간다. 이처럼 태조의 조선은 하나의 중심 대신 두 개의 중심을 택했다. 서로 마주보고 앉은 태조의 막사처럼 말이다.

3. 『낭송 태조실록』을 시작하며

『태조실록』은 크게 '총서'와 '실록'으로 구분된다. 총서에는 전주 이씨 가문이 동북면에 정착하게 된 일부터 고려 공양왕이 왕위를 내려놓는 일까지 기록돼 있고, 본 실록에는 태조가 왕위에 있었던 7년간의 정사가 실려 있다. 이후 10년간 태조는 상왕, 태상왕으로 살아가는데, 이때의 일은 『정종실록』과 『태종실록』에서 확인할 수 있다.

이번 『낭송 태조실록』의 일차적인 목표는 조선왕조실록을 직접 경험하고 낭송하는 데 있다. 이를 위해 낭송하기에 적합한 기사를 골라 최대한 원문의 느낌을 살려 글을 다듬었다. 한편, 『태조실록』의 핵심은 뭐니 뭐니 해도 조선의 창업이다. 때문에 『낭송 태조실록』은 조선의 창업 과정과 건국 철학, 당대의 분위기를 전하는 데 집중했다. 이 과정에서 때로는 『정종실록』, 『태종실록』, 『정조실록』을 인용하기도 했다. 또 하나, 실록에는 한 인물의 일생이 기록된 탓에 같은 사람이라도 호칭이 여러 번 바뀌는 경우가 있다. 태조의 경우, 이성계, 임금, 태조, 상왕, 태상왕 등의 명칭이 혼합돼 사용된다. 이런 경우 창업 이전의 호칭은 이성계, 즉위 이후에는 임금 혹은 태조, 정종시대에는 상왕, 태종시대에는 태상왕으로 표기했다.

이 책의 1부와 2부는 『태조실록』의 총서를 바탕으로 전주 이씨의 가계와 태조의 창업 과정을 정리했다. 1부에서는 동북면에 정착한 전주 이씨 가문의 내력과 태조가 전장을 누비는 현장을 만날 수 있다. 한편, 2부에서는 태조가 정치적 권력을 잡고 왕위에 오르기까지의 이야기를 엮었다. 위화도 회군, 정몽주의 죽음 등 널리 알려진 역사적 사건의 실체를 확인할 수 있을 것이다.

3부는 한양 천도와 도성 건설에 대한 이야기를 묶었다. 한양 천도는 고려의 시대가 끝나고 조선의 시대가 시작됐음을 알리는 상징적 사건이었다. 창업 이후 태조는 한양 천도를 매우 공들여 추진했고, 놀라운 속도로 완성했다. 지금도 서울에는 당시의 흔적이 곳곳에 남아 있다.

창업 이후에도 동지들에 대한 태조의 의리는 변하지 않았다. 혹시라도 공신들에 대한 비방이 들려오면 몹시 화를 내며 이들을 비호했다. 반면, 아들들에 대한 처분은 박하기 그지없었다. 이런 차별은 결국 왕자의 난으로 이어졌고, 아들이 아버지의 벗들을 살해하고 왕위를 찬탈하는 비극이 발생한다. 4부와 5부에는 엇갈린 운명의 주인공인 태조의 동지들과 아들들의 이야기를 실었다.

태조시대에는 조선 500년을 관통하는 제도적 원칙이 마련된다. 6부에서는 조선의 근간이 되는 경연, 간쟁, 사관, 조회 제도와 그 철학적 근거를 소개한다.

7부는『태조실록』전체 중 가장 논쟁이 될 만한 장이다. 명나라 태조의 횡포에 조선 조정이 속수무책 휘둘리는 형국이기 때문이다. 이 상황을 이해하기 위해서는 명나라 태조에 대한 사전 지식이 필요하다. 명 태조는 빈곤한 하층 농민 출신으로 그에 대한 열등감이 심했다. 때문에 창업과 동시에 위협이 되는 공신들을 모두 숙청하고 독재체제를 완성했다. 이 과정에서 의심의 대상은 조선으로까지 확대됐다. 끊임없이 트집을 잡으며 조선의 태도를 가늠한 것이다. 덕분에 조선의 사신은 종종 곤란한 상황에 빠지고, 조선의 조정은 갈피를 잡지 못했다. 7부에는 기선을 잡으려는 명나라 태조와 그로 인해 골치 아파하는 조선의 태조 이야기를 실었다.

8부는 조선인들의 사상, 풍속, 일상을 엿볼 수 있는 기록들로 구성했다. 태조시대, 사람들은 여전히 스스로를 고려인이라 생각하고 고려 풍속으로 살았다. 조선이 창업된 지 겨우 7년에 불과했기 때문이다. 8부에서는 고려에서 조선으로 넘어가는 과도기적 분위기를 확인할 수 있다.

* * *

남산 기슭에 모여 조선왕조실록을 읽기 시작한 지 벌써 4년째다. 도반들과 조선의 왕들을 안주 삼아 이런저런 수다를 떨다 보니 짧지 않은 시간이 훌쩍 지나가 버렸다. 덕분에 이렇게 『낭송 태조실록』을 엮게 됐으니, 이 책의 8할은 도반들이 엮었다 할 만하다. 도반이 서로 기대는 의지처라면 스승은 방향을 제시하는 등불이다. 이야기더미에 묻혀 있는 우리에게 길을 내 주신 우응

순 선생님, 처음 실록 세미나의 문을 열어 주신 고미숙 선생님, 오랫동안 실록 세미나를 함께 지켜 주신 박장금 선생님께 감사한다. 누구보다 처음부터 끝까지 세심하게 살펴 주신 길진숙 선생님께 감사한다.

一• 맹장, 이성계

1-1. 전주 이씨, 동북면으로 가다

태조강헌지인계운성문신무대왕太祖康獻至仁啓運聖文神武大王의 성은 이씨요, 휘諱: 임금의 이름는 단旦이요, 자字는 군진君晉이다. 왕이 되기 전의 휘는 이성계李成桂요, 호號는 송헌松軒이며, 본관은 전주全州이다.

고조할아버지 목조

목조穆祖 이안사李安社는 성품이 호방해 세상을 다스릴 뜻이 있었다. 본래 전주에 살았으며 나이 20여 세에는 용맹과 지략이 남보다 뛰어났다. 그즈음, 전주 객관에 산성별감山城別監: 고려 후기, 외적을 방어하기 위해 지방에 파견된 군대 지휘관이 들어왔다. 이때 목조는 관기官妓: 관청에 소속된 기생의 일로 산성별감과 다투었고*, 전주 수령과 틈이 벌어졌다. 수령은 안렴사按廉使: 각 도의 지방관와 이 일을 의논하고 군사를 보내 목조를 죽이려 했다. 소식을 들은 목조는 급히 강릉도의 삼척현으로 옮겨 갔는데, 170여 가구가 자청해 그를 따랐다.

목조는 삼척에서 배 열다섯 척을 만들어 왜적을 방비하며 지냈다. 그러던 어느 날, 원나라 야굴대왕也窟大王: 원나라의 장군이 쳐들어왔고, 목조는 두타산성에 들어가 성을 지키며 난리를 피하였다. 이때, 전주에서 만났던 그 산성별감이 새로 강릉도의 안렴사가 되어 오게 되었다. 목조는 화가 미칠까 두려워 가족과 함께 배를 타고 동북면 의주宜州: 현 함경남도 문천로 떠났다. 이때 전주에서 따라온 170여 가구도 함께 배에 올랐다.

목조가 동북면에 거주하니 그곳의 많은 백성들이 목조에게 진심으로 의지하고 복종했다. 이에 고려 조정은 그를 의주병마사로 삼아 원나라 군사로부터 의주를 방어하게 했다. 이때 원나라는 쌍성雙城: 함경남도 영흥 이북 일대 북쪽을 점령하고 산길대왕散吉大王을 주둔시키고 있었다. 산길대왕은 철령鐵嶺: 함경도 안변군과 강원도 고산군 경계에 있는 고개 이북의 땅까지 모두 차지하고자 의주병

* 이긍익의 『연려실기술』(燃藜室記述)에는 '산성별감이 와서 목조가 총애하는 기생과 관계하므로, 둘 사이에 분쟁이 생겼다. 이에 수령이 노하였고, 목조는 수령에게 무례한 말을 하였다'고 전한다.

마사인 목조에게 두 번이나 항복을 요구했다. 목조는 마지못해 1천여 호의 백성을 거느리고 원나라에 항복했다. 평양 백성들 중에서도 목조의 위세와 명망을 듣고 진심으로 따르고 의탁하는 사람이 많았다. 이들이 모두 목조를 따라 오니 산길대왕이 크게 기뻐하며 예를 갖추어 극진히 대접했고 성대한 연회를 베풀었다. 연회가 끝날 때쯤 산길대왕은 목조의 품에 옥으로 만든 술잔을 넣어 주며 말했다.

"공의 집안 사람들이 우리 둘의 지극한 정情을 어찌 짐작하겠습니까? 이 옥 술잔을 내 마음의 징표로 드리겠습니다."

이에 둘은 서로 잊지 않기로 맹세하고, 목조는 집안의 딸을 산길대왕에게 시집보냈다.

이후 목조는 수로와 육로를 통해 시리時利: 함경남도 이원 부근를 지나 개원로開元路 남경南京의 알동斡東: 함경북도 경흥의 두만강 부근에 정착했다. 이때가 송나라 이종理宗 보우寶祐 2년이요, 원나라 헌종憲宗 4년이요, 고려 고종高宗 41년 갑인甲寅(1254)이다.

_ 태조실록 총서

다음 해에 산길대왕이 원나라 황제에게 목조의 일을 알렸다. 이에 원나라 조정은 목조를 위해 알동천호소斡東千戶所를 세우고 금패金牌: 원나라에서 관리에게 내려 주던 금을 입힌 나무패를 내려 주었다. 또한 남경 주변 오천호소五千戶所: 5개의 천호소. 천호소는 군인 1천 명으로 이루어진 부대의 우두머리로 삼고 다루가치원나라가 고려 점령 지역에 두었던 벼슬의 벼슬을 주었다. 알동은 개원로 남경에서 동남쪽 90여 리에 있으니, 지금의 경흥부慶興府: 함경북도 북동쪽 두만강 부근에서 동쪽으로 30리 떨어진 곳이다.

_ 태조실록 총서

증조할아버지 익조

목조가 때때로 이웃한 현성峴城에 가니 여진의 천호와 다루가치들이 모두 사귀기를 청했다. 목조가 그들과 함께 어울리니 여러 천호들이 예를 갖춰 후하게 대접하고 소와 말을 잡아 며칠씩 연회를 베풀었다. 목조 또한 알동에 온 여진 천호들을 같은 예로 대접했다.

아들인 익조翼祖 때에도 이러한 관계는 계속되었다. 이즈음 익조의 위엄이 날로 높아져 진심으로 그를 따르는 수하들이 늘어났다. 그러자 여진의 여러 천호들은 이를 몹시 시기해 익조를 해치려 하였다.

"이행리李行里: 익조는 원래 우리와 같은 동족이 아니다. 지금 형세대로라면 반드시 우리에게 이롭지 못할 것이니, 먼 곳에 있는 동족들에게 군사를 청해 그를 제거하고 재산을 나누는 것이 어떠한가?"

이에 여진 천호들은 익조에게 거짓으로 말했다.

"우리는 북쪽으로 사냥을 갑니다. 20일 동안 회합을 중지해 주십시오."

익조가 이를 허락했으나 그들은 약속한 날짜가 지나도 돌아오지 않았다. 하여 익조가 직접 현성으로 가 보니 그곳에는 노약자와 부녀자들만 있고 장정은 한 사람도 보이지 않았다. 한 여자에게 까닭을 물으니 그녀가 대답했다.

"사냥 욕심을 내느라 지금까지 돌아오지 않습니다."

익조가 현성에서 돌아오는 길에 머리에 물동이를 이고 손에 그릇을 든 할멈을 만났다. 그 할멈에게 물을 청하니 그릇을 깨끗이 씻어 물을 바치며 말했다.

"공은 알지 못하십니까? 이곳 사람들은 사냥을 하러 간 것이 아니라 공을 제거하려 군사를 청하러 간 것입니다. 늦어도 사흘 후에는 그들이 돌아올 것입니다. 공의 위엄과 덕망을 아는지라 안타까운 마음에 이를 알려드립니다."

익조는 황급히 집으로 돌아와 집안의 사람들을 시켜 재산을 배에 싣고 두만강을 따라 내려가게 했다. 그들과 적도赤島: 두만강에 있는 섬에서 만나기로 하고 부인과 함께 말을 타고 가양탄을 건너 높은 곳으로 올라갔다. 그곳에서 바라보니 알동 들판에 여진의 적병들이 가득했고, 선봉 300여 명은 거의 코앞까지 따라붙었다.

익조는 다시 말을 달려 적도 북쪽 강기슭에 도착했다. 그러나 적도까지 강폭은 600보나 되었고, 강물은 헤아릴 수 없을 만큼 깊었다. 또한 약속한 배도 아직 도달하지 않았으므로, 익조와 부인은 더 이상 어찌해 볼 도리가 없었다. 그런데 이 강은 원래 밀물과 썰물이 없는 곳인데 갑자기 강물이 줄어들어 백여 보나 얕아졌다. 이에 익조는 부인과 함께 백마를 타고 강을 건넜고, 따르는 이들도 모두 무사히 강을 건넜다. 이들이 모두 적도에 도착하자 강물이 다시 크게 불어났고, 적병은 강을 건널 수 없었다. 이 일을 두고 북방 사람들은 "하늘이 도운 것이지 사람이 한 일은 아니다"라고 말하곤 하였다.

익조는 한동안 적도에 움집을 짓고 살았으며, 그 집터가 지금도 남아 있다. 당시 많은 백성들이 익조를 따라왔는데, 그들의 수가 마치 저잣거리의 장사꾼처럼 많았다. 익조와 백성들은 적도에 오랫동안 머물다 지원至元* 27년충렬왕 16년(1290)에 배 열 척

* 지원(至元)은 중국 원나라에서 사용하던 연호로, 세조의 지원(1264~1294)과 혜종(순제)의 지원(1335~1340)이 있다.

을 만들어 동북면 의주로 돌아왔다. 이때 공주의 백성들도 모두 익조를 따라왔는데, 이들이 동북면에 머물던 지역을 지금도 적전이赤田라 부른다. 이는 그들이 적도에서 왔기 때문이다.

_ 태조실록 총서

할아버지 도조

익조가 최씨 부인과 재혼한 지 수년이 지나도록 아들이 없었다. 이에 부인 최씨와 함께 낙산洛山 관음굴에서 기도를 올리니 꿈에 승복을 입은 중이 나와서 말했다.

"반드시 귀한 아들을 낳을 것이니 이름은 선래善來라고 지으십시오."

얼마 지나지 않아 부인 최씨가 임신을 해 의주에서 사내 아이를 낳았다. 아이의 이름을 이선래라고 하니 이분이 바로 도조度祖이시다. 관음굴은 지금 강원도 양양부에 있다.

_ 태조실록 총서

함주咸州의 땅이 넓고 비옥했으므로 익조는 알동에서 함께 내려온 백성들을 이곳에 살게 했다. 이때부터 함주를 '알동일언'斡東逸彦이라고 부르게 됐는데, 이는 여진 말로 '알동 백성'이란 뜻이다. 도조는 안변安邊: 강원도와 함경남도 경계에 있는 지역 이북의 땅을 모두 소유했지만 이씨 가문을 따라 남하한 백성들을 위해 함주에 거주했다.

_ 태조실록 총서

아버지 환조

환조桓祖의 휘는 이자춘李子春이고, 몽고 이름은 오로사불화吾魯思不花이다. 환조는 칠팔세 때부터 보통 사람보다 뛰어났고, 장성해서는 말타기와 활쏘기를 잘했다. 도조의 관직을 이어받은 후에는 군사들이 기쁘게 그를 따랐다.

_ 태조실록 총서

지정 15년공민왕 4년(1355)에 환조가 공민왕을 찾아뵈니, 왕이 말하였다.

"경의 조부익조는 몸은 비록 나라 밖에서 살았으나 마음은 고려 왕실에 있었다. 하여 나의 돌아가신 할아버지충선왕께서 진실로 총애하고 가상히 여기셨다. 지금 경이 조부를 욕되게 하지 않으니 내가 장차 그대를 중히 쓰겠다."

_ 태조실록 총서

지정 16년공민왕 5년(1356), 기황후*의 친족들이 황후의 세력을 믿고 몹시 방자하고 난폭하게 굴었다. 이때 황후의 오라비인 기철奇轍은 원나라 쌍성의 관리인 조소생趙小生·탁도경卓都卿과 내통해 반역을 꾀했다. 이에 공민왕이 환조에게 말했다.

"경은 우선 쌍성으로 돌아가서 우리 백성들을 안정시켜라. 만일 변고가 생기거든 마땅히 나의 명을 따라야 할 것이다."

이해 5월, 공민왕이 기철을 제압한 후 밀직부사密直副使 유인우柳仁雨를 보내 쌍성을 토벌하게 했다. 그러나 유인우는 쌍성과 200리 떨어진 등주登州: 함경남도 안변 부근에 머물며 시간을 지체했다. 이에 공민왕이 병마판관兵馬判官 정신계丁臣桂를 환조에게 보내 안에서 도우라고 명했다. 환조는 즉시 군졸과 말의 입에 막대기를 물려 아무 소리도 내지 못하게 하고[銜枚]는 군사를 움직여 유인우의 군대와 합류했다. 이후 함께 쌍성을 공격해 쳐부수니, 조소생과 탁도경은 처자를 버리고 도망쳤다. 이 일로 고려는 화주·등주·정주 등 여러 성들과 함께 함주 북쪽의 땅을 수복하게 되었다. 이는 고려 고종 때 쌍성을 원나라에 빼앗긴 이래 99년

* 고려 출신으로 원나라에 공녀(貢女)로 보내졌다가 원나라 혜종(惠宗)의 총애를 받아 황후가 되었다. 북원(北元) 소종(昭宗)의 생모이다. 기황후의 오빠인 기철(奇轍) 등의 기씨 일족은 기황후를 믿고 권세를 휘두르다가 공민왕의 반원 개혁 정책으로 숙청된다.

만의 일이었다. 공민왕은 환조를 대중대부大中大夫 사복경司僕卿으로 승진시키고, 개경開京: 개성에 집 한 채를 내려 머물게 했다.

_ 태조실록 총서

1-2. 신궁 이성계

환조의 아내는 의비懿妃 최씨이니 증문하시중영흥부원군贈門下侍中永興府院君 정효공靖孝公 최한기崔閑奇의 딸이다. 지원 원년, 고려 충숙왕 4년(1335) 10월 11일에 화령부和寧府: 함경남도 영흥군에서 이성계*를 낳았다. 이성계는 나면서부터 총명했고 코가 우뚝한 것이 임금의 얼굴이었다. 영민하고 풍채가 당당했으며 지략과 용맹 또한 월등히 뛰어났다. 어려서 화령과 함주 사이를 오가며 자랐는데, 북방에서 매 사냥하는 사람들이 말하곤 하였다.

"이성계와 같이 탁월한 매를 얻고 싶구나!"

_ 태조실록 총서

* '태조실록 총서'에서는 이성계라는 이름 대신 태조라는 묘호를 주로 사용한다. 그러나 이 책 『낭송 태조실록』에서는 독자들의 이해를 돕고자 태조 즉위 이전에는 이성계, 즉위 이후에는 태조로 표기한다.

이성계가 어렸을 때였다. 까마귀 다섯 마리가 담모퉁이에 나란히 앉아 있었는데 정안옹주定安翁主 김씨가 쏘기를 청했다. 이성계가 화살 한 발로 다섯 마리를 한꺼번에 떨어뜨리니 김씨가 놀라서 말했다.

"조심하십시오. 그 솜씨를 다른 사람에게 들켜서는 아니 됩니다."

김씨는 환조의 천첩으로 의안대군義安大君 이화李和의 어머니이다.

_ 태조실록 총서

이성계는 대초명적大哨鳴鏑: 화살촉에 큰 호각을 달아 날아갈 때 소리가 나는 화살 쏘기를 좋아했다. 대초명적은 싸리나무로 화살대를 만들고, 학의 털로 화살깃을 달아 폭이 넓고 길이가 길었다. 화살촉에는 순록의 뿔로 만든 배[梨]만 한 호각[哨]을 달았으므로, 살촉은 무겁고 살대는 길었다. 이 화살은 평범한 것들과 달라서 쏠 때의 힘도 일반 화살보다 두 배나 들었다.

이성계가 젊어서 환조를 따라 사냥을 나갔을 때였다. 환조가 이성계의 화살을 뽑아 살펴보고는 땅바닥에 던지며 말했다.

"사람이 쏠 수 있는 화살이 아니다."

이성계는 이를 다시 주워 들고 화살통에 넣은 후 앞으로 나아갔다. 이때 노루 한 마리가 나타났다. 이성계가 말을 달리며 활을 쏘자 노루가 화살 한 발에 바로 죽었다. 이어 노루 한 마리가 또 나타났고, 이성계는 똑같이 화살 한 발로 노루를 잡았다. 이 같은 일이 일곱 번 거듭되자 이에 환조가 크게 기뻐하며 웃었다.

_ 태조실록 총서

어느 날 이성계가 친한 벗들을 모아 술자리를 열고 활쏘기를 했다. 마침 백 보약 100미터쯤 되는 거리에 배나무 한 그루가 있었는데, 나무 꼭대기에 열매 수십 개가 매달려 가지가 축 처져 있었다. 여러 손님들이 화살로 쏘아 보라고 청하니, 이성계가 화살 한 대를 쏘아 배를 모두 떨어뜨렸다. 떨어진 배로 손님들을 대접하니, 모두 감탄하며 축하의 술잔을 들었다.

_ 태조실록 총서

찬성사贊成事 황상黃裳은 원나라에서 벼슬을 했는데, 당시 활쏘기로 세상에 이름을 얻었다. 원나라 순제順帝가 직접 그의 어깨를 관찰하며 당겨 보기까지 할 정도였다. 하루는 이성계가 동료들과 함께 평양 덕암에서 활을 쏘았는데, 150보 밖에 있는 과녁을 모두 명중시켰다. 정오쯤 되었을 때 황상이 도착했다. 여러 사람들이 그들에게 겨뤄 볼 것을 청했으므로, 두 사람은 거의 수백 발의 화살을 쏘게 되었다. 황상은 연달아 50발을 맞힌 이후부터는 혹 맞히기도 하고 빗맞히기도 했으나, 이성계는 한 번도 빗맞히지 않았다. 공민왕이 이를 듣고 말하였다.

"이성계는 진실로 평범한 사람이 아니구나!"

한번은 공민왕이 왕실 창고에서 은으로 만든 작은 거울 열 개를 꺼냈다. 그 거울을 80보 밖에 늘어놓게 하고는 여러 경대부들에게 말했다.

"활을 쏘아 명중시킨 사람에게 은거울을 줄 것이다."

이에 이성계가 열 번을 쏘아 모두 맞히니 왕이 칭찬하며 감탄했다.

이성계는 항상 겸손하여 남의 위에 있기를 좋아하지 않았다. 활을 쏠 때면 상대가 대적할 만한지를 살펴 겨우 비슷하게만 쏠 뿐 승부를 내지 않았다. 또한 사람들이 시합을 권할 때에라도 상대보다 단지 화살 한 개만 더 맞힐 뿐이었다.

_ 태조실록 총서

1-3. 여진을 제압하다

삼해양三海陽: 현 함경북도 길주의 다루가치 김방괘金方卦가 도조의 딸 이성계의 고모에게 장가들어 삼선三善과 삼개三介를 낳았다. 이들은 이성계의 고종형제로 모두 여진 땅에서 나고 자랐다. 또한 팔심이 남보다 셌고 말타기와 활쏘기도 뛰어나 불량한 젊은이들을 모아서 북쪽 변방을 제멋대로 돌아다녔다. 그러나 이성계를 두려워해 감히 함부로 행동하지는 못했다. 이성계는 대대로 함주에서 나고 자랐으므로 평소에 은혜와 위엄이 쌓여 그곳 사람들이 모두 부모와 같이 우러러보았다. 여진인들 또한 이성계를 두려워하고 사모해 스스로 단속하고 조심했다.

이때공민왕 13년(1364)에 이르러 이성계가 서북면西北面으로 원정을 떠났다. 그 틈을 타 삼선과 삼개가 여진인들을 부추겨 함주를 함락시켰고, 수비하던 장수와 관군은 거듭 패해 화주和州: 현 함경남도 금야군 북쪽을 모두 잃었다. 이에 장수와 군사들이 사기를 잃고 밤낮으로 이성계를 기다렸다.

_ 태조실록 총서

다음 해 2월, 이성계가 서북면을 떠나 군사를 이끌고 철관鐵關: 함경남도 정평군 부근에 도착했다. 이에 백성들은 진심으로 기뻐했고 장수들의 담력과 기백이 높아졌다. 이성계는 여러 장수들과 함께 함주성을 삼면三面으로 공격해 삼선과 삼개의 무리를 크게 쳐부수고 화주와 함주를 모두 수복했다. 이후 삼선과 삼개는 여진 땅으로 달아나서 다시는 돌아오지 않았다. 이에 공민왕이 이성계를 밀직부사密直副使로 승진시켰고, 봉익대부奉翊大夫로 품계를 올렸으며, 단성양절익대공신端誠亮節翊戴功臣의 칭호를 주고, 금대金帶: 관리에게 내리는 금으로 장식된 허리띠를 하사했다.

_ 태조실록 총서

1-4. 전장의 호랑이

앞장서 진격하라

신우辛禑* 3년(1377) 5월에 경상도 원수 우인열禹仁烈이 급히 보고했다.

"나졸들이 보고하기를 대마도의 왜적들이 바다를 뒤덮고 오는데 돛대가 보일 정도로 가까이 왔다 합니다. 청컨대 도와줄 장수를 보내 주십시오."

이때 우왕이 이성계에게 가서 그들을 격파하라 명했다. 이성계의 부대가 도착할 때까지 경상도의 민심은 몹시 흉흉했다. 이에 우인열이 다급히 재촉했고, 이성계는 밤낮으로 쉬지 않고 행

* 고려 우왕. 조선은 우왕을 공민왕이 아닌 신돈의 아들로 보았다. 이에 『조선왕조실록』에서는 우왕과 그의 아들 창왕을 신우, 신창이라 표기한다.

군했다.

마침내 이성계의 군대가 지리산 밑에서 적군과 맞붙게 되었다. 이때 적과는 200여 보약 200m 정도 떨어져 있었는데, 어떤 왜적 하나가 뒤돌아서서 몸을 숙이고는 자신의 궁둥이를 두드리며 욕을 해댔다. 이에 이성계가 작은 화살 하나를 쏘아 그를 단번에 넘어뜨렸다. 이것을 본 적군은 놀라고 두려워 기운을 잃었고, 고려군은 그들을 크게 격파했다.

적의 무리는 낭패를 당해 산으로 도망갔다. 그리고 절벽 앞에 진을 치고는 고슴도치의 털처럼 칼과 창을 뽑아 들고 방어했다. 이성계는 장수들에게 공격을 명했으나 장수들은 돌아와 이렇게 보고했다.

"바위가 높고 가팔라서 말이 올라갈 수 없습니다."

이성계가 그들을 꾸짖고 이방과李芳果: 후일 정종에게 용감한 군사를 나누어 주며 진격하라 명했다. 그러나 돌아온 이방과의 보고도 다른 장수들과 같았다. 이에 이성계가 말했다.

"내가 직접 가서 봐야겠다. 내 말이 먼저 올라가면 너희들도 반드시 뒤따라야 할 것이다."

명을 내린 이성계가 말을 채찍질해 달려 나갔다. 그러나 적이 있는 곳의 지세는 몹시 험했다. 이에 칼을 뽑아 칼등으로 말을 내리쳤고, 놀란 말은 산으로 뛰어올랐다. 이때 마침 해가 중천에 있었으므로 빛을 받은 칼이 번개처럼 번득였다. 이성계가 언덕을 오르자 다른 군사들도 서로 잡아당기고 밀어주며 뒤를 따랐다. 모두 힘을 다해 적군을 공격하니 절벽에서 떨어져 죽은 왜적이 태반이었고 나머지 적들도 모두 섬멸되었다.

이성계는 평소에 백성의 마음을 얻었고 그의 병졸들은 모두 날쌔고 용맹했다. 또한 싸울 때마다 이기지 못한 적이 없으니 백성들 모두가 그를 구름이나 무지개처럼 우러러보았다.

_ 태조실록 총서

전장에서 평정심을 유지하다

같은 해 8월, 왜적이 서해도황해도를 침략했다. 이성계가 해주의 동쪽 정자에서 싸우다가 너비가 한 장丈: 약 3m이나 되는 진창을 만났다. 이성계의 말은 진창을 단번에 뛰어 넘었으나 따르는 자들은 모두 넘지 못했다.

처음에 이성계는 대우전大羽箭: 깃이 큰 화살 스무 개를 가지고 있었다. 그중 17개를 쏘았는데 모두 적을 맞혀 죽였으므로 싸움이 끝났을 때에는 화살 세 개가 남아 있었다. 이성계가 부하들에게 말했다.

"나는 모두 적의 왼쪽 눈초리만 맞혔다."

확인해 보니 과연 사실이었다.

살아남은 왜적들은 험한 지형에 의지해 나뭇더미를 쌓아 방어하고 있었다. 이를 본 이성계는 말에서 내려 접이식 의자를 펴고 걸터앉아 음악을 연주하게 했다. 그러고는 승려 신조神照가 올린 고기와 함께 술을 마셨다. 곧이어 이성계가 군사들에게 명했다.

"적이 쌓은 나뭇더미에 불을 질러라!"

이내 불꽃이 하늘에 가득 찼고 궁지에 몰린 적군은 밖으로 뛰어나와 죽을 힘을 다해 덤벼들었다. 이때 화살 하나가 날아와 이성계 앞에 있던 술병을 맞혔다. 그러나 이성계는 태연히 앉아 일어나지 않았다. 대신 부관들에게 공격을 명하였고 적들은 거의 섬멸되었다.

당시에 왜적들은 우리나라 사람을 사로잡으면 이성계 장군이 어디에 있는가를 묻고는 감히 그 곁에는 오지 못했다. 도적질할 때도 반드시 장군이 없는 틈을 노렸다.

_ 태조실록 총서

1-5. 황산대첩

왜적, 고려 백성을 도륙하다

신우 6년(1380) 8월, 왜적이 500여 척의 배를 타고 하삼도충청·전라·경상도에 쳐들어와 연안과 육지의 고을을 불태우고 백성들을 도륙했다. 붙들리고 살해된 사람을 헤아릴 수 없었고, 백성들의 시체가 산과 들을 덮었다. 약탈한 곡식을 배로 옮기다 길에 흘린 쌀이 한 자尺, 30cm나 되었고, 포로로 잡혀 칼에 베여 죽은 아이들이 산처럼 쌓여 지나는 곳마다 피바다였다. 왜적은 두세 살짜리 여자 아이들을 사로잡아 머리를 깎고 배를 갈라 하늘에 제사 지냈다. 이에 삼도 연안 지방이 쓸쓸히 텅 비게 되었으니, 왜적이 침구한 이래 이와 같은 일은 일찍이 없었다. 우왕은 이성계를 양광楊廣: 경기 남부, 강원 일부, 충청·전라·경상 삼도의 도순찰사都巡察使로 삼아 왜적을 정벌하게 했다.

왜적은 상주와 경산부京山府: 경상북도 성주를 지나 사근내역沙斤乃驛: 경상남도 함양 수동면에 주둔했는데, 삼도원수 배극렴裵克廉 등이 패하여 사졸로 죽은 자만 오백이 넘었다. 왜군은 더욱 기세가 올라 함양성을 도륙하고, 남원 운봉현을 불사른 후 인월역引月驛: 전라북도 남원, 지리산 북쪽 지역에 진을 쳤다. 그리고 장차 광주에서 말을 먹이고 북쪽으로 진군하겠다고 호언하였다. 이성계는 남원으로 가는 길에 시체들이 연이어 있는 것을 보고 가엾은 마음에 편안히 밥을 먹지도 잠을 자지도 못했다.

황산에서 왜적과 맞붙다

마침내 이성계가 남원에 도착했다. 여러 군대와 함께 지리산 운봉을 넘어 황산黃山: 전북 남원 지리산 기슭 서북쪽에 이르렀다. 이성계가 정산봉에 올라서 살펴보니 큰 길 오른쪽에 험한 샛길이 있었다.

"적이 이 샛길을 이용해 우리 뒤를 습격하겠구나. 내가 이 길을 쫓아가 봐야겠다."

이때 다른 장수들은 모두 평탄한 길을 따라 진군했는데, 멀리 왜적의 정예병을 발견하고는 싸우지 않고 퇴각했다.

이성계는 해가 지고 있음에도 험한 산속으로 들어갔다. 예상대로 산속에는 적의 기병과 정예병이 숨어 있었고, 갑자기 튀어 나와 우리 군을 공격했다. 이성계는 대우전과 유엽전柳葉箭: 살촉이 버들잎 같은 화살으로 적의 얼굴을 쏘았는데 시위 소리가 날 때마다 죽지 않는 자가 없었다. 이렇게 왜적을 세 번이나 만났고, 매번 격렬하게 싸워 적병을 모두 죽였다. 또 한 번은 진흙땅을 만나 적군과 우리 군사가 함께 넘어져 뒹굴었다. 이때 살아 나온 자는 모두 우리 군사요, 죽은 자는 모두 왜적이었다.

왜적은 험한 산에 의지해 단단히 수비했다. 이성계가 병사들에게 요충지를 나누어 맡기고 여러 장수들에게 진군을 명했다. 그러나 우리 군은 언덕을 올라가며 공격하고, 적은 죽을 힘을 다해 맞부딪혀 내려오니 우리 군사들이 번번이 쫓겨 내려왔다. 이에 이성계가 군사들에게 말고삐를 단단히 잡으라고 명하고는 진군을 알리는 소라고둥을 불었다. 신호에 따라 군졸들이 대열을 정돈했고, 개미처럼 붙어서 산등성이로 올라가 적진과 부딪혔다. 그때 적의 장수 중 한 명이 창을 들고 이성계의 뒤로 달려들었다. 상황이 급박하니 장수 이두란李豆蘭: 이지란이 말을 재촉하며 큰소리로 외쳤다.

"영공令公, 뒤를 보십시오! 뒤를 보십시오!"

그러나 이성계가 미처 보지 못하자 이두란은 직접 활을 쏘아 적장을 죽였다. 이때 이성계의 말이 화살에 맞으니 즉시 다른 말을 바꾸어 탔다. 그 말이 또 화살에 맞아 넘어지자 또 재빨리 말을 바꾸어 탔다. 이번에는 화살이 날아와 이성계의 왼쪽 다리를 맞혔는데, 화살을 뽑아 버리고 더욱 용감하게 싸웠다. 이에 군사들은 이성계가 부상당한 것을 알지 못했다.

왜적을 섬멸하다

왜적 중에 나이가 겨우 15세쯤 되는 장수가 있었다. 체격과 용모가 아름다웠고 더없이 날쌔고 용맹했다. 그는 흰 말을 타고 창을 휘두르며 싸웠는데, 향하는 곳마다 우리 군을 쓰러뜨려 감히 당해낼 자가 없었다. 우리 군사들은 그를 아기발도阿其拔都라고 부르며 앞다투어 피했다. 이성계가 그의 재주를 아깝게 여겨 이두란에게 그를 산 채로 잡으라고 명했다. 이에 이두란이 말했다.

"산 채로 잡으려면 여러 사람이 다칠 것입니다."

이성계가 이두란에게 다시 말했다.

"그렇다면 내가 투구의 꼭지를 쏘아 벗길 테니 그대가 즉시 아기발도의 얼굴을 쏘라."

아기발도의 갑옷과 투구는 목과 얼굴을 감싼 것이라 화살을 맞힐 만한 틈이 없었다. 이성계가 마침내 투구 꼭지를 맞히니 끈이 끊어져 투구가 옆으로 기울어졌다. 아기발도가 급히 고쳐 쓰려고 했지만 이성계가 다시 화살을 쏘아 투구를 떨어뜨렸다. 그 틈에 이두란이 화살을 쏘아 그를 죽이니, 적군의 기세가 크게 꺾였다. 이성계가 앞장서서 힘껏 싸우자 적들은 쓰러지고 넘어졌으며 날쌘 군사들은 거의 죽었다. 이때 적들이 달아나며 큰 소리로 통곡했는데 그 소리가 만 마리의 소 울음소리와 같았다.

우리 군은 기세를 몰아 산으로 올라가 북을 치며 함성을 질렀고, 그 소리가 천지를 진동시켰다. 사방으로 적을 무찌르니 그 피가 냇물을 붉게 물들여 6, 7일 동안이나 물을 마실 수 없었다. 처음에 적군은 우리 군사보다 열 배나 많았는데 도망한 사람은 겨우 70여 명에 불과했다.

_ 태조실록 총서

1-6. 나라를 구한 영웅

개선장군, 이성계

이성계가 황산전투에서 승리하고 개경으로 돌아왔다. 판삼사判三司 최영崔瑩은 동문 밖 천수사로 나가 채붕綵棚: 오색 비단으로 장식한 무대을 설치하고 잡희雜戲: 음악과 춤 등 여러 놀이를 베풀었다. 또한 백관들을 거느리고 줄지어 서서 이성계를 기다렸다.

이성계가 멀리서 최영과 백관들의 모습을 보고는 재빨리 말에서 내려 최영에게 달려가 두 번 절했다. 최영 또한 두 번 절하고 이성계의 손을 잡고 눈물을 흘리며 말했다.

"공이 아니면 누가 이 일을 해낼 수 있었겠는가?"

이성계가 고개를 숙이며 공손히 말했다.

"장군의 지휘를 받아 다행히 이긴 것이지 저에게 무슨 공이 있겠습니까? 이제 적들의 기세가 꺾였으니 다시 쳐들어온다 해도 제가 물리칠 것입니다."

"공이여! 공이여! 삼한三韓: 고려를 가리킴이 다시 일어난 것은 모두 이번 전투의 승리 덕분일세. 공이 아니면 이 나라가 누구를 믿겠는가?"

이성계가 그 말을 듣고 몸 둘 바를 몰라 했다. 또 우왕이 금 50냥을 내려 주자 사양하며 말하였다.

"장수가 적을 죽이는 것은 당연한 일이온데, 신이 어찌 금을 받겠습니까?"

이색과 권근의 찬양시

한산군韓山君 이색李穡은 시를 지어 이성계의 공을 치하했다.

적의 우두머리 썩은 나무처럼 꺾으니
삼한의 기쁨이 공에게서 나왔네.
충성이 백일하에 드러나니 하늘에 안개 걷히고
위엄이 청구에 떨치니 바다에 바람 없구나.
교외의 화려한 잔치에선 무공을 노래하고

능연각凌煙閣* 높은 곳엔 영웅의 초상 걸리리.
몸이 병들어 교외에서 맞이하지 못하고
앉아서 새 시를 지어 큰 공을 기리노라.

성균좨주成均祭酒 권근權近이 화답했다.

삼천 신하 마음과 덕은 모두 같으나
군율은 지금 모두 공에게 있구나.
나라 위한 충성 태양보다 밝고
적을 향한 용맹 서늘한 바람 일으키네.
붉은 활 눈부시니 임금의 은혜 무겁고
흰 깃 화살 높이 나니 기세 더욱 웅장하네.
한 번 개선하여 종사가 안정되니
말 위의 탁월한 공로 알 수 있겠네.

_ 태조실록 총서

* 당 태종이 개국 공신 24인의 초상화를 걸어 놓은 전각. 보통 나라에 큰 공이 있는 신하를 비유할 때 사용한다.

1-7. 일생을 바친 심복들

평생의 전우, 이지란

신우 9년(1383) 8월, 여진인 호발도胡拔都가 단주端州: 함경남도 단천를 침략하여 도적질했다. 이때 단주의 부만호副萬戶: 고려 후기 도적을 잡고 난잡한 행위를 단속했던 관청 순군만호부의 관직 김동불화金同不花가 그들과 내통해 재산을 모두 챙기고 일부러 적에게 붙잡혔다. 단주 상만호上萬戶 육여陸麗와 청주青州: 함경남도 북청 상만호 황희석黃希碩 등이 그들과 여러 차례 싸웠으나 모두 패했다. 이때 이지란李之蘭은 어머니의 상을 치르느라 청주에 있었다. 이성계가 사람을 보내 그를 부르며 말했다.

"나라의 일이 급하다. 그대가 상복을 입고 집에 있을 겨를이 없으니 나를 따르라."

이에 이지란이 상복을 벗고 통곡하며 하늘에 고한 후 활과 화살을 차고 이성계를 따랐다.

_ 태조실록 총서

이지란은 동북면 청주부 사람이며 옛 이름은 '두란첩목아'豆蘭帖木兒이다. 타고난 천성이 후덕하고 순수했으며 무예가 뛰어났다. 일찍부터 태조를 따라 전장에 나가 승리했으므로 개국공신의 반열에 올랐다. 태조는 그를 특별히 후하게 대우했고 정사좌명공신定社佐命功臣의 칭호를 내렸다.

병이 위독해지자 이지란이 글을 올려 말했다.

"신은 고향을 떠나 타국에서 죽습니다. 부디 저희 풍속을 따라 시신을 불태워 고향에서 장사지내기를 청합니다. 또한 전하태종께서는 삼가 덕을 닦으시어 이 나라를 영원토록 보전하소서."

_태종 2년(1402, 임오) 4월 9일

원나라 장수, 조무

조무趙武는 원나라 장수로 나라가 쇠하자 무리를 이끌고 공주함경북도 경원를 점령했다. 이성계가 휘하의 군사들에게 말했다.

"이 사람은 반드시 난리를 일으킬 것이니 내버려 둘 수 없다."

이성계가 군사를 거느리고 공주를 공격했는데, 조무의 용맹과 실력을 보고 그를 아깝게 여겼다. 이에 일부러 고도리전高刀里箭: 작은 새를 잡는 데 쓰는 화살을 수십 발 쏘아 맞히니, 마침내 조무가 말에서 내려 절하고 항복했다. 이후 조무는 군대의 허드렛일을 도맡으며 평생 이성계에게 복종했고, 훗날 벼슬이 공조전서工曹典書에 이르렀다.

_ 태조실록 총서

여진 장수, 처명

공민왕 19년(1370) 12월, 이성계는 사병 1,600명을 거느리고 의주에 부교浮橋: 배 등을 연결해 만든 물에 떠 있는 다리를 만들어 압록강을 건넜다.* 요성과 이틀 거리 떨어진 나장탑螺匠塔에 이르러서는 짐들을 남겨 두고 7일치의 식량만 꾸려서 요성으로 행군했다. 동시에 부하 장수들에게 빠른 기병 3천여 명을 거느리고 요성을

* 공민왕 18년(1369), 기철의 아들인 기새인첩목아(奇賽因帖木兒)는 원나라의 잔당들을 모아 지금의 요동 지역인 동녕부를 점거한다. 이에 공민왕은 동북면의 이성계, 서북면의 지용수(池龍壽)와 양백연(楊伯淵) 등을 출병시켰고, 1년 만에 요성(현 요동성으로 추정) 수복에 성공한다. 그러나 혹독한 추위와 식량 부족 문제로 고려군은 요성을 버리고 철수한다.

습격하게 하였다.

처음에는 요성의 적들이 우리 군사를 얕보았으나 대군이 잇달아 도착하는 것을 보고는 간담이 떨어질 지경이었다. 그러나 적의 장수 처명處明은 자신의 날쌤과 용맹을 믿고 여전히 저항했다. 이성계가 이원경李原景: 귀순한 여진 장수 이오로첩목아(李吾魯帖木兒)을 시켜 그를 회유하며 말했다.

"너를 죽이는 일은 매우 쉽다. 다만 너를 살려서 쓰고자 하니 속히 항복하라."

그러나 처명은 따르지 않았다. 이원경이 또 말했다.

"네가 우리 장군님의 명성을 듣지 못했구나. 만약 네가 항복하지 않는다면 화살 하나로 네 몸을 꿰뚫을 것이다."

하지만 처명은 여전히 항복하지 않았다. 이에 이성계가 활을 쏘아 처명의 투구를 벗기고 이원경을 통해 거듭 타일렀다. 그래도 처명이 따르지 않자 이번에는 다리를 쏘아 맞혔다. 처명은 화살을 맞은 채 달아나다가 잠시 후 다시 와서 싸우려고 했다. 이성계가 이원경을 시켜 말했다.

"만약 항복하지 않는다면 이번에는 너의 얼굴을 쏠 것이다."

처명이 마침내 말에서 내려 머리를 조아리고 항복했다.

_ 태조실록 총서

올라요녕성 오녀산성에서 싸울 때 이성계가 처명을 죽이지 않고 사로잡았다. 그는 이성계의 은혜에 깊이 감동하여 몸에 남은 화살 자국을 볼 때마다 목이 메어 오열하며 눈물을 흘렸다. 또한 종신토록 이성계를 따라다니며 곁에서 모셨다.

_ 태조실록 총서

비둘기로 인연 맺은 한충과 김인찬

신우 9년(1383) 9월, 이성계가 동북면에서 돌아오다가 안변에 이르렀다. 마침 밭 가운데 뽕나무에 비둘기 두 마리가 앉아 있어 화살 하나로 두 마리를 모두 떨어뜨렸다. 그때 길가에서 김을 매고 있는 사람이 둘 있었는데 한 사람은 한충韓忠이요, 또 한 사람은 김인찬金仁贊이었다. 그들이 이것을 보고 감탄하며 말했다.

"도령전투 부대의 지휘관의 활솜씨가 훌륭합니다!"

이성계가 웃으면서 말했다.

"도령의 관직은 벌써 넘어섰다."*

* 당시 이성계는 동북면도지휘사라는 높은 지위에 있었다. 이에 비해 도령은 비교적 낮은 관직에 해당했다. 이 기사는 김인찬과 한충이 이성계를 하급 지휘관으로 오해했으나 이성계가 이를 너그러이 수용했음을 보여 준다.

그러고는 두 사람에게 비둘기를 주었다. 그들이 조밥을 준비해 올리니 이성계는 성의를 생각해 음식을 함께 먹었다. 이때부터 한충과 김인찬은 이성계를 따랐고 모두 개국공신의 반열에 올랐다.

_ 태조실록 총서

군사들이 충성한 이유

고려 말에는 군사가 관청에 등록되지 않았다. 여러 장수들이 각각 군사를 모집해 사병을 만들었는데, 이를 패기牌記라 했다. 최영·변안열邊安烈·지용수池龍壽·우인열 같은 장군들은 군사들이 자신의 뜻대로 하지 않으면 욕하고 꾸짖으며 못하는 말이 없었다. 또한 매질을 해서 죽인 자도 있었으니 휘하의 군사 중에 원망하는 자가 많았다.

이성계는 성품이 엄중하고 말이 없었으며, 평상시에 늘 눈을 감고 앉아 있었다. 바라볼 때는 위엄이 있고 당당했으나 사람을 만날 때는 조화로운 기운이 가득했다. 이에 모든 사람들이 그를 경외하고 사랑했다. 휘하의 군사들을 예절로 대하고 꾸짖는 말을 하지 않았으니, 모두가 이성계의 군대에 소속되기를 원했다.

_ 태조실록 총서

二• 창업의 길

2-1. 위화도 회군

요동 정벌을 반대하다

신우 14년(1388) 4월, 우왕이 이성계에게 말했다.

"과인이 요동을 공격하고자 하니 경은 힘써 따르라."

이성계가 아뢰었다.

"지금 출병하는 데는 네 가지 불가不可한 이유가 있습니다. 첫째는 작은 나라가 큰 나라를 거역하는 것이요, 둘째는 여름철에 군사를 동원하는 것입니다. 셋째는 원정을 틈타 왜적이 빈틈을 노리는 것이요, 넷째는 장마철이라 활의 아교가 녹고 전염병이 돌 수 있는 것입니다."

우왕은 이성계의 말이 자못 옳다고 여겼다. 이성계는 물러나와 최영에게 말했다.

"출병이 불가함을 내일 다시 임금께 아뢰어 주십시오."

최영은 "알겠다"고 대답했으나 밤에 우왕을 찾아가 이렇게 아뢰었다.

"원컨대 출병을 반대하는 말을 듣지 마소서."

이튿날 우왕이 이성계에게 말했다.

"이미 군사를 일으켰으니 요동 정벌을 중지할 수는 없소."

이성계가 다시 아뢰었다.

"지금 전하께서 대업을 이루고자 하신다면 평양에 머무르셨다가 가을에 출사出師: 출병하소서. 곡식이 들판을 덮어 군량이 넉넉해지면 북을 치며 앞으로 행군할 수 있을 것입니다. 지금은 출병할 때가 아니니, 비록 요동의 한 성을 함락시키더라도 비 때문에 오도 가도 못할 것입니다. 군사가 피로하고 군량이 부족하면 오직 화가 미칠 뿐입니다."

그러나 우왕은 듣지 않았다. 이성계가 물러나와 눈물을 흘리니 휘하의 군사가 물었다.

"공께서는 어찌 그리 슬퍼하십니까?"

이성계가 대답했다.

"이 일로 백성들의 재앙이 시작될 것이다."

출병과 우왕의 방탕

우왕이 평양에 머물며 여러 도道의 군사를 독려해 압록강에 부교浮橋를 만들고 중들을 군사로 징발했다. 또한 최영을 팔도도통사八道都統使로, 조민수曺敏修를 좌군도통사左軍都統使로, 이성계를 우군도통사右軍都統使로 임명했다.

군대가 출병하는 날, 우왕이 술에 취해 늦도록 일어나지 않으니 장수들이 모두 하직인사를 올릴 수 없었다. 술이 깬 우왕은 다시 석포石浦에 배를 띄우고 놀았고, 저녁때가 되어서야 돌아와 장수들에게 술을 내렸다. 마침내 여러 군대가 평양을 떠나 요동을 향하니 최영이 우왕에게 아뢰었다.

"지금 대군이 움직이니 가는 도중에 시간을 지체한다면 대사를 그르칠 것입니다. 청컨대 신이 직접 가서 감독하겠습니다."

우왕이 대답했다.

"경이 가면 과인은 누구와 함께 정사를 보겠소?"

최영이 거듭 청하자 우왕이 말했다.

"그대가 간다면 과인 또한 따라갈 것이오."

이때 한 사람이 이성泥城: 압록강 부근의 성으로부터 와서 말했다.

"지금 요동의 군사가 모두 오랑캐를 정벌하러 떠났습니다. 성을 지키는 지휘관은 오직 한 명뿐이니 대군이 이른다면 싸우지 않고 항복할 것입니다."

이에 최영은 크게 기뻐하며 우왕과 함께 평양에 머물렀다. 우왕은 날마다 대동강 부벽루에서 연회를 베풀었고, 최영은 군사를 거느리고 드나들며 피리를 불었다. 임금과 신하가 주색에 빠져 사람을 마구 죽이는 꼴이니 백성들의 원망이 날로 높아졌다.

_ 태조실록 총서

장맛비에 갇힌 고려군

5월, 대군이 압록강을 건너 위화도에 머물렀는데 도망가는 군사가 끊이지 않았다. 우왕이 도망하는 군사는 그 자리에서 목을 베라고 명했으나 군사들의 이탈을 막을 수는 없었다. 좌군도통사 조민수가 우왕에게 글을 올렸다.

> 신들이 뗏목을 타고 압록강을 건넜으나 앞에는 다시 큰 하천이 있고 비가 내려 물이 넘쳐 흐릅니다. 첫번째 여울에서 익사한 사람만 해도 이미 수백 명입니다. 두번째 여울은 더욱 깊어 건너지도 못하고 강가에 주둔하며 군량만 축내고 있습니다. 여기서부터 요동성까지는 이처럼 큰 하천이 많아 건너기 어려울 듯합니다. 최근 이러한 실상을 모두 아뢰었으나

돌아오라는 허락을 받지 못하였으니, 진실로 황망하고 두려울 따름입니다.

그러나 큰일을 당하여 고할 것이 있는데도 고하지 않는 것은 불충입니다. 그러하니 어찌 감히 죽음이 두려워 말하지 않겠습니까? 작은 나라가 큰 나라를 섬기는 것은 나라를 보존하는 길입니다. 우리나라는 삼국이 통일된 이후로 큰 나라 섬기기를 성실히 하였습니다. 공민왕께서 홍무 2년에 명나라에 표문表文: 중국에 보내는 외교문서을 올려 '자손만세 영원히 신하가 되겠습니다'라고 하였습니다. 전하께서도 이 뜻을 계승하시니 황제께서 특별히 고명誥命: 황제가 제후국의 국왕을 인준하는 문서을 내리시고, 현릉玄陵: 공민왕의 시호이라는 시호를 하사하셨으며, 전하의 작위에 책봉하셨습니다. 이것은 종사의 복이요 전하의 성덕입니다. 그런데 지금 명나라에서 군사를 보내 철령위鐵嶺衛*를 세운다는 소식을 들었습니다. 이에 밀직제학密直提學 박의중朴宜中을 보내 표문을 올려 청원을 하였습니다. 그런데 지금 답변을 기다리지 않고서 갑자기 큰 나라를 범하

* 명나라는 철령 이북의 땅이 본래 원나라 땅이었으므로 '철령위'를 설치해 요동에 귀속시키겠다고 통보했다. 이 사건으로 우왕과 최영은 친명정책을 포기하고 요동정벌을 단행한다. 그러나 이성계의 위화도 회군으로 요동정벌은 중단됐고, 명나라도 더 이상 철령위 설치를 주장하지 않았다.

니, 이는 종사와 백성에게 이로운 일이 아닙니다.

하물며 지금은 폭우가 쏟아져 활은 풀어지고 갑옷은 무거우며 군사와 말은 모두 피곤합니다. 이들을 재촉해 견고한 요동성 아래에 도착한다 한들 어찌 이길 수 있겠습니까? 또한 군량도 제대로 공급되지 않아 진퇴유곡이니 장차 이를 어찌해야 합니까? 엎드려 바라오니 전하께서는 군사를 돌이키시어 온 백성의 소망에 응답하소서.

그러나 우왕과 최영은 듣지 않고 환관 김완金完을 보내 요동으로 전진하라고 더욱 독촉했다. 이성계와 조민수가 김완을 붙잡아 두고 거듭 회군回軍을 청했으나 최영은 듣지 않았다.

_ 태조실록 총서

회군을 결심하다

군사들 사이에 '이성계가 동북면으로 돌아가려고 이미 말 위에 올랐다'는 거짓 소문이 돌았다. 병사들이 동요해 민심이 흉흉해지니 조민수가 급히 달려와 울면서 말했다.

"공이 돌아가면 우리들은 어디로 가야 한단 말입니까?"

이성계가 여러 장수들에게 말했다.

"만약 큰 나라의 국경을 침범해 천자께 죄를 얻는다면 종사와 백성들에게 재앙이 미칠 것이다. 내가 여러 이치로 글을 올려 회군을 청했으나 왕은 이를 살피지 않았다. 최영 또한 늙고 혼미해 우리의 말을 듣지 않는다. 그러니 경들과 함께 직접 왕을 찾아뵙고 요동 정벌의 불가함을 아뢰어야겠다. 또한 그 곁에 있는 악인들을 제거해 백성을 편안하게 할 것이다."

여러 장수들이 모두 말했다.

"우리 동방의 사직이 공의 한 몸에 달려 있습니다. 어찌 따르지 않겠습니까?"

이에 군사를 돌이켜 압록강에 이르렀다. 이성계가 동궁彤弓: 붉은 활과 백우전白羽箭: 흰 깃의 화살을 메고서 흰 말을 달려 언덕 위에 올랐다. 그곳에서 군사들이 다 건너가기를 기다리니 군사들은 말했다.

"예로부터 지금까지 이와 같은 장군은 없었다. 이후에도 어찌 이런 사람이 있겠는가?"

이때 장마가 수일 동안이나 계속됐는데도 강물이 넘치지 않았다. 그런데 군사들이 전부 강을 건너자 갑자기 큰물이 들이닥쳤고 온 섬이 물에 잠겼다. 사람들 모두 이를 매우 신기하게 여겼다.

또한 민간에는 "목자木子: 李의 파자가 나라를 얻는다"는 동요가 퍼져 있었는데, 군인과 백성, 늙은이와 젊은이가 모두 이 노래를 불렀다.

조전사漕轉使 최유경崔有慶이 성주成州: 평양 동북쪽의 고을에 있던 우왕에게 달려가 위화도에 있던 군사들이 되돌아온다는 소식을 알렸다. 우왕은 대군이 안주安州: 평안남도 북서쪽에 이르렀음을 알고 말을 달려 개경으로 돌아왔다. 회군한 장수들이 왕을 추격해야 한다고 청하니 이성계가 말했다.

"빨리 가면 반드시 전투가 벌어지고 많은 사람들이 죽게 될 것이다. 만일 너희가 임금을 범한다면 나는 결코 용서하지 않을 것이다. 또한 백성의 오이 하나라도 건드린다면 죄의 경중에 따라 엄히 다스리겠다."

이에 군대는 큰 길을 따라 사냥하면서 매우 느리게 행군했다. 이때 평양에서 개경에 이르는 수백 리 길에 수많은 신하들과 백성들이 마실 것을 가지고 이들을 환영했다. 동북면의 백성들과 여진인들도 이성계의 회군 소식을 듣고 밤낮으로 달려왔는데, 그 수가 천여 명이나 되었다.

우왕은 개경으로 돌아와 화원花園: 고려의 별궁으로 들어갔다. 최영은 백관과 군사들에게 수레를 모아 개경 안의 골목을 막으라고 명했다.

_ 태조실록 총서

개경 진입과 최영의 최후

6월 초하루, 군대는 개경 숭인문崇仁門 밖에 주둔했다. 유만수柳曼殊를 숭인문으로, 좌군을 선의문宣義門으로 들어가게 하고는 이성계가 말했다.

"유만수는 눈이 크고 광채가 없으니 담이 작은 사람이다. 반드시 패해 달아날 것이다."

과연 그 말대로 성으로 들어간 유만수의 군대는 최영에게 패했다. 주변 사람들이 이 소식을 전했으나 이성계는 아무 말도 없이 장막 안에 누워 꿈쩍하지 않았다. 다시 두세 번을 아뢰자 그제야 천천히 일어나 음식을 먹고 군대를 정돈시켜 출병했다.

이때 백 보쯤 떨어진 곳에 키 작은 소나무 한 그루가 있었다. 이성계는 승리를 점쳐 사람들의 마음을 단결시키고자 화살을 한 발 쏘았다. 단 한 발로 소나무 줄기가 끊어지니 이성계가 말했다.

"무엇을 더 바라겠는가?"

이성계가 개경 숭인문으로 들어가 좌군과 앞뒤에서 함께 공격하며 앞으로 나아갔다. 개경의 남녀들은 앞다투어 환영하며 마실 것을 내놓고 길을 막은 수레를 치웠다. 노약자들은 언덕에 올라 군사들을 바라보며 고함을 지르고 기뻐했다. 조민수의 군대는 최영에게 패했으나, 이성계의 군대는 선죽교를 거쳐 남산男山에 올랐다. 이성계가 마침내 암방사巖房寺 북쪽 고개에 올라 큰 소라고둥을 불었다. 다른 군대는 행군할 때 모두 각角: 군대의 행군을 알리는 동물 뿔을 불었으나 이성계의 군대만은 유독 소라고둥을 불었으므로 도성 사람이 모두 이성계의 군대인 것을 알았다.

이성계의 군사들이 우왕이 숨어 있는 화원을 수백 겹으로 포위했다. 우왕은 왕비, 최영과 함께 화원의 팔각전에 있었는데, 곽충보郭忠輔 등이 안으로 들어가 그들을 찾아냈다. 우왕은 최영의 손을 잡고 울며 이별을 고했고, 최영은 우왕에게 두 번 절하고 나왔다. 이성계가 최영을 마주보고 울며 말했다.

"이번 일은 저의 본심이 아닙니다. 대의에 어긋나고, 나라가 편치 못하며, 백성들의 원망이 하늘을 찌르기에 어쩔 수 없었습니다. 부디 잘 가십시오. 잘 가십시오."

마침내 최영을 고봉현현 경기도 고양시에 유배시켰다. 일찍이 시중侍中 이인임李仁任이 최영에게 말했다.

"이 판삼사이성계가 모름지기 나라의 임금이 될 것이오."

최영이 이 말을 듣고 매우 노했으나 감히 입 밖에 내지 못했다. 이때에 이르러 탄식하며 말하기를, "이인임의 말이 진실로 옳았구나" 하였다.

이성계와 조민수, 그리고 36명의 장수들은 대궐에 들어가 우왕에게 예를 갖춰 절했다. 한산군 이색은 개경에 있는 여러 원로 대신들과 함께 이성계를 만났다. 그들은 한참 이야기를 나누었고, 이성계는 궐문 밖으로 군대를 돌이켰다.

_ 태조실록 총서

2-2. 권문세족들의 시기와 반발

공양왕 원년(1389)*, 고려의 토지제도가 크게 무너졌다. 땅을 겸병하는 가문권문세족에서 남의 농토를 강제로 빼앗아 국토를 농락하니, 그 폐단은 나날이 심해졌고 백성들의 원망은 깊어졌다. 이에 이성계가 대사헌大司憲 조준趙浚과 의논해 사전私田을 혁파해 토지의 겸병을 막았다. 이로써 백성들이 생업에 종사할 수 있게 되니 나라 안팎의 사람들이 크게 기뻐했고 백성들은 더욱 진심으로 이성계를 따랐다.

_ 태조실록 총서

* 위화도 회군 이후, 우왕이 폐위되고 그의 아들 창왕이 왕위에 오른다. 그러나 우왕이 신돈의 아들이라 하여, 그 아들인 창왕 또한 폐위시킨다. 이때 이성계를 비롯한 신진사대부들은 공양왕을 새로운 왕으로 추대한다.

이성계가 나라에 큰 공을 세우고 민심 또한 그를 따르니 공양왕이 이를 시기했다. 또 권문세족들은 사전을 혁파한 일로 이성계를 원망하며 온갖 말로 모함했다. 우왕과 창왕의 무리 또한 왕실과 인척관계를 맺고 아침저녁으로 참소했다. 공양왕이 그 말을 듣고 밤낮으로 이성계를 제거하려 도모했다.

_ 태조실록 총서

이성계가 정도전鄭道傳 · 남은南誾 · 조인옥趙仁沃 등에게 말했다.

"내가 경들과 함께 왕실을 힘껏 돕는데도 불구하고 참소하는 말이 계속 되고 있다. 우리 뜻이 받아들여지지 않을까 두려우니 동북면으로 돌아가 이를 피해야겠다."

그러고는 집안 사람들에게 짐을 싸게 하고 곧 떠나려 하니, 정도전이 말리며 말했다.

"공의 한 몸에 종묘사직과 백성의 안위가 달려 있습니다. 어찌 그 거취를 가벼이 할 수 있겠습니까? 조정에 머물며 어진 사람을 등용하고 부족한 사람을 내친다면 참소하는 말이 저절로 사라질 것입니다. 지금 변방으로 물러가 있는다 하더라도 참소하는 말이 불처럼 일어날 것이니, 화가 언제 미칠지 알 수 없습니다."

이성계가 말했다.

"옛날에 장자방이 적송자를 따르겠다고 하니 한 고조가 그에게 죄를 주지 않았다.* 나에게 다른 마음이 없으니 왕이 어찌 나에게 죄를 주겠는가?"

이성계가 정도전·남은 등과 함께 거취를 의논했으나 결정을 내리지 못했다.

_ 태조실록 총서

* 한나라 고조 유방이 중국을 통일한 후 공신들을 제거하려는 기미를 보이자, 장자방(한나라 유방의 책사 장량)은 적송자(비를 다스리는 신선)를 따라 신선놀음을 하겠다며 정계를 떠난다. 이로써 장자방은 죽음을 면하고 천수를 누릴 수 있었다. 이성계 또한 장자방처럼 정계를 떠남으로써 목숨을 보전하겠다는 의미이다.

2-3. 정몽주의 죽음

이성계의 부상과 정몽주의 모함

공양왕 4년(1392) 3월, 이성계가 해주에서 사냥하다 말이 넘어져 다리를 다쳤다. 이성계가 나날이 민심을 얻는 것을 꺼리고 있던 정몽주鄭夢周는 이성계가 말에서 떨어졌다는 소식을 듣고 기쁜 기색을 보였다. 이 기회에 이성계를 제거하고자 대간臺諫: 사헌부와 사간원의 합칭들을 부추기며 말했다.

"이성계를 보좌하는 조준 등을 먼저 없애야 그를 제거할 수 있을 것이다."

이에 대간들이 조준·정도전·남은·윤소종尹紹宗 등을 탄핵했고, 공양왕은 이를 도당都堂: 도평의사사. 고려 후기 최고 정무 기관에 내려 논의하게 했다. 정몽주는 도당을 선동해 조준 등을 먼 곳에 귀양보내고, 모두 국문鞫問: 나라의 중죄인에게 형장을 가해 신문함해 죽이고자

했다.

이때 이방원李芳遠은 어머니 상을 당해 속촌粟村: 현 경기도 개풍군 부근에서 여막살이를 하고 있었다. 그는 조준 등이 귀양갔다는 소식을 듣고 말했다.

"정몽주는 반드시 우리 집안을 해칠 것이다. 우리가 먼저 그를 제거해야겠다."

이방원은 급히 이성계가 머물고 있는 벽란도로 달려갔다.

"정몽주가 반드시 우리 집을 모함할 것입니다."

그러나 이성계는 아무 말도 하지 않았다. 이방원이 다시 아뢰었다.

"즉시 개경으로 돌아가셔야 합니다. 더는 머무를 겨를이 없습니다."

그러나 여전히 허락하지 않으니 이방원이 더욱 강경히 청했다. 이에 이성계가 고통을 참으며 한밤중에 길을 나섰고, 이방원은 아버지를 부축해 개경으로 돌아왔다.

_ 태조실록 총서

이방원, 정몽주의 제거를 청하다

이방원이 이방과정종 등과 함께 다시 아버지께 아뢰었다.

“지금 정몽주가 정도전을 국문하여 그 일을 우리 집안과 연루시키려 합니다. 일이 매우 다급하니 어찌해야 합니까?”

“죽고 사는 것은 모두 하늘의 뜻이니 순리대로 할 뿐이다. 너는 속히 여막으로 돌아가 상례나 마치도록 해라.”

이방원이 개경에 머물며 병시중을 들겠다고 두세 번 청했으나 이성계는 끝내 허락하지 않았다. 이방원은 어쩔 수 없이 물러나와 옛 집 사랑채에 앉아 근심하고 있었다. 잠시 후 문 두드리는 소리가 나서 나가 보니 광흥창사廣興倉使 정탁鄭擢이었다. 그가 강경하게 말했다.

“백성들에게 무엇이 이롭고 무엇이 해로운지 이미 분명합니다. 저 소인배들이 반란을 일으켰는데 무엇을 하고 계십니까? 왕후장상의 씨가 따로 있겠습니까?”

정탁의 말을 들은 이방원은 즉시 이성계의 저택으로 돌아갔다. 그리고 이방과 등과 의논해 이지란에게 정몽주를 제거하라고 청했다. 이에 이지란이 대답했다.

“내가 어찌 우리 장군께서 모르시는 일을 하겠는가?”

_ 태조실록 총서

정몽주를 격살하다

이방원이 말했다.

"아버님의 허락을 받지는 못했지만 정몽주를 살려둘 수는 없다. 모든 책임은 내가 지겠다."

이에 거느리고 있던 수하들을 불러 말했다.

"우리 가문이 왕실에 공이 있는 것은 모든 사람이 알고 있다. 그런데 지금 소인배들에게 모함을 당하고 있으니, 이 누명을 벗지 못한다면 손발이 묶인 채 죽을 것이다. 저들이 우리 가문에 오명을 뒤집어씌울 것은 분명하다. 그러면 후세 사람들이 어찌 진실을 알겠는가? 우리 휘하에 사람이 많거늘 우리 가문을 위해 나설 사람 하나가 없단 말이냐!"

그러자 조영규趙英珪가 결연히 말했다.

"제가 그 명을 따르겠습니다."

처음에는 조영규·조영무趙英茂·이부李敷·고여高呂 등이 도당에 직접 들어가 정몽주를 치기로 계획했다. 그러나 변중량卞仲良이 그 계획을 몰래 정몽주에게 알렸고, 정몽주는 상황을 엿보고자 도당에서 나와 이성계의 집으로 병문안을 왔다. 이에 이화李和가 이방원 등에게 말했다.

"정몽주를 죽이려면 지금이 기회네. 하지만 장군께서 진노할 것이니 어찌하면 좋겠는가?"

모두 결정하지 못하고 머뭇거리자 이방원이 말했다.

"이 기회를 놓칠 수 없습니다. 아버지의 진노는 제가 대의大義로 말씀드려 풀겠습니다."

이에 정몽주를 길에서 죽이기로 계획을 변경하였다.

이때 전 판개성부사判開城府事 유원柳源이 죽었는데, 정몽주가 그를 조문하느라 집으로 돌아가는 길이 지체됐다. 조영규 등이 무기를 갖추고 동네 어귀에서 그를 기다렸다. 조문을 마친 정몽주가 나타나자 조영규가 말을 타고 달려가 그를 격살하려 했으나 성공하지 못했다. 이에 정몽주가 조영규를 큰소리로 꾸짖고는 말을 채찍질해 달아났다. 그러자 조영규가 그를 쫓아가서 말머리를 쳤고, 말이 넘어져 정몽주가 땅에 떨어졌다. 정몽주가 일어나 급히 달아났으나 고여 등이 뒤쫓아 가서 죽였다.

_ 태조실록 총서

이성계의 뒤늦은 노여움

조영무가 돌아와 정몽주의 죽음을 알리니 이방원이 방에 들어가 이성계에게 고했다. 소식을 들은 이성계는 매우 노하여 아픈 것을 참고 일어나 말했다.

"우리 가문은 본디 충효로 이름을 얻었는데 너희들이 제멋대로 대신을 죽였구나. 사람들이 내가 이 일을 몰랐다고 생각하겠느냐? 부모가 자식에게 경서를 가르치는 것은 나라에 충성하고 부모에게 효도하라는 뜻이다. 그런데 네가 감히 이렇게 불효를 하느냐? 약이라도 먹고 죽고 싶은 심정이다."

이방원이 대답했다.

"정몽주 무리가 우리 집안을 함정에 빠뜨리는데 어찌 앉아서 죽기를 기다리겠습니까? 제가 한 일이 바로 효도입니다."

이성계가 대단히 노여워하자 곁에 있던 강비康妃: 신덕왕후조차 아무 말도 하지 못했다.

다음날, 이성계는 마지못해 황희석을 불러 말했다.

"정몽주 등이 죄인들과 모의하여 충성스럽고 어진 사람들을 모함하니, 그 죄를 물어 이미 처형했다. 조준·남은 등을 귀양지에서 돌아오게 하여 대간들과 대질하게 할 것이다. 경이 왕께 나아가 그렇게 아뢰어라."

이때 이성계는 매우 노하여 병이 더욱 깊어져 말을 할 수조차 없었다.

_ 태조실록 총서

2-4. 왕위에 오르다

공양왕을 폐위시키다

홍무 25년태조 1년(1392) 7월 17일, 태조가 수창궁에서 즉위하였다.

이달 12일, 시중 배극렴 등이 왕대비공민왕의 부인 정비 안씨께 아뢰었다.

"지금 왕이 어리석어 이미 군주의 도를 잃었고 민심도 떠났습니다. 사직과 백성의 주인이 될 수 없으니 폐위키를 청합니다."

이에 왕대비가 공양왕을 폐위한다는 교지를 내렸다.

이때 공양왕은 이성계와 화친을 맺기 위해 막 의장을 갖추고 출발하려던 참이었다. 때마침 남은이 정희계鄭熙啓와 함께 시좌궁時坐宮: 당시 왕의 거처에 도착해 폐위 교서를 선포했다. 공양왕이 엎드려 말했다.

"내가 원래 왕이 되고자 하지 않았으나 여러 신하들이 억지로 왕위에 옹립했다. 내가 어리석어 일의 조짐을 알지 못했으니 어찌 잘못이 없다고 하겠는가?"

이내 몇 줄기 눈물을 흘리며 왕위를 내려놓고 원주로 떠났다.

_ 태조 1년(1392, 임신) 7월 17일

왕위를 사양하다

7월 13일, 왕대비가 이성계를 감록국사監錄國事로 삼는다는 교지를 선포했다.

16일에는 배극렴과 조준·정도전을 위시하여 수많은 대소신료와 나라의 원로들이 국새를 받들고 이성계의 집으로 갔다. 골목은 이를 구경하러 나온 사람들로 가득 찼다.

대신들이 도착했을 때, 이성계의 집에는 족친의 부인들이 찾아와 물에 만 밥을 막 먹으려던 참이었다. 갑자기 많은 사람들이 몰려 오니 부인들은 매우 놀라 북문으로 나가 흩어져 버렸다.

이성계는 문을 닫고는 대신들을 들이지 않았다. 이윽고 해가 지자 배극렴 등이 문을 밀치고 안뜰로 들어와 국새를 마루 위에 올려놓으니 이성계가 당황해 어찌할 바를 몰라 했다. 이천우李天祐가 이성계를 부축해 방문 밖으로 나오자 백관들이 늘어서서 절하고 북을 두드리며 만세를 불렀다. 이성계는 스스로 받아들

일 처지가 아니라 매우 두려워했다. 그러나 배극렴 등이 입을 모아 왕위에 오를 것을 강경하게 권했다.

이성계가 완강히 거절하며 말했다.

"예로부터 제왕이 일어나는 것은 천명이 있지 않으면 안 된다. 나는 진실로 덕이 부족한 사람인데 어찌 이를 감당할 수 있겠는가?"

이성계가 받아들이지 않자 대소신료와 여러 원로들이 그를 둘러싸고 왕위에 오르기를 간절히 권하였다.

_ 태조 1년(1392, 임신) 7월 17일

왕위에 오르다

이날7월 17일에 이르러 임금이 마지못해 수창궁으로 행차하니 백관들이 궁문 서쪽에 나와 영접했다. 임금이 말에서 내려 궁으로 걸어 들어가 왕위에 올랐다. 이때 어좌에 앉지 않고 기둥 사이에 서서 여러 신하들의 인사를 받았다. 임금이 육조의 판서 이상의 관원들을 전각에 오르게 하고 말했다.

"내가 수상首相이 되었을 때도 책임을 다하지 못할까 근심하고 걱정했다. 어찌 오늘 이런 일이 있으리라 생각했겠는가? 몸이 건강했다면 말을 타고 도망이라도 쳤을 것이다. 하지만 병에

걸려 손발을 제대로 쓸 수 없으니 어쩌랴. 경들은 마음과 힘을 다해 덕이 부족한 나를 도우라."

태조가 전조前朝: 고려의 신하들에게 예전과 같이 일을 보라 명한 후에 궁에 머물지 않고 집으로 돌아왔다.*

_ 태조 1년(1392, 임신) 7월 17일

그간 오랫동안 가물었는데 임금이 왕위에 오르자 비가 억수같이 내렸다. 이에 백성들이 매우 기뻐했다.

_ 태조 1년(1392, 임신) 7월 18일

즉위 교서

중앙과 지방의 대소신료와 모든 백성들에게 교지를 내렸다.

"왕은 이르노라. 하늘이 많은 백성을 내고 군주를 세우는 것은 이들을 길러 서로 살게 하고, 이들을 다스려 편안하게 하려는 것이다. 군주의 도가 성공하고 실패하는 것과 인심을 얻고 잃는 것은 모두 천명이 머물고 떠나는 것에 달려 있다. 이것이 변치

* 태조는 즉위 이듬해 3월 9일이 돼서야 거처를 수창궁으로 옮긴다. 한동안 사저에 머물며 궁궐로 출퇴근했는데, 겸양의 뜻을 보인 것으로 풀이된다.

않는 하늘의 이치다.

홍무 25년 7월 16일에 도평의사사都評議使司 및 대소신료들이 왕위에 오르기를 권하며 말했다.

'공민왕이 후사 없이 돌아가시고 신우辛禑: 우왕가 그 틈을 타 왕위를 도적질했습니다. 신우가 죄를 지어 물러났으나 그 아들 창昌이 왕위를 계승해 다시 국운이 끊어졌습니다. 다행히 장수들의 힘을 빌려 정창부원군공양왕에게 국사를 대행하게 했으나 그 또한 우매해 법도를 따르지 않았습니다. 이에 무리가 배반하고 친척이 떠나가 종사를 보전할 수 없게 되었습니다. 이것은 하늘이 폐하는 것이니 누가 다시 그를 일으킬 수 있겠습니까? 사직은 반드시 덕 있는 자에게 돌아가고, 왕위는 오랫동안 비워 둘 수 없습니다. 공으로나 덕으로나 모두가 진심으로 복종하니 왕위에 오르시어 백성의 마음을 안정시키소서.'

나는 덕이 적은 사람이라 이를 감당하지 못할까 두려워 두세 번이나 사양했다. 그러나 여러 사람들이 더욱 강하게 고집하며 말했다. '백성의 마음이 이와 같으니 하늘의 뜻도 알 수 있습니다. 백성들의 뜻을 거절할 수 없고, 하늘의 뜻도 거스를 수가 없습니다.' 하여 나는 여러 사람들의 뜻에 따라 마지못해 왕위에 올랐다.

나라 이름은 예전처럼 고려라 하고, 의장儀章과 법제도 모두 고려의 전례를 따를 것이다. 지금 혁신하여 새롭게 시작하는 때를 맞았으니 마땅히 관대한 은혜를 베풀어야 할 것이다. 이에 모든 백성들에게 두루 이로운 일을 조목별로 정했다.

아아! 나는 덕이 적고 우매하여 때에 맞게 일을 처리하는 방법을 알지 못한다. 하여 나를 돕는 자들에게 의지해 새로운 정치를 시작하려 한다. 그대들이여! 나의 지극한 뜻을 몸 바쳐 따르도록 하라."

교서는 정도전이 지었다.

_ 태조 1년(1392, 임신) 7월 28일

2-5. 개국의 조짐들

임금이 잠저潛邸: 왕위에 오르기 전 거처한 집에 있을 때 꿈을 꾸었다. 꿈에 하늘에서 신령스런 사람이 내려와 금척金尺: 금으로 만든 자을 주면서 말했다.

"고려 시중侍中 경복흥慶復興은 청렴하지만 나이가 많고, 도통사都統使 최영은 강직하지만 고지식하다. 이 금척을 가지고 나라를 바로잡을 사람이 공이 아니면 누구랴."

후일에는 또 어떤 사람이 찾아와 이상한 글을 바쳤다. 지리산 바위 속에서 얻었다는 그 글에는 이렇게 적혀 있었다.

"목자木子가 돼지를 타고 내려와 삼한의 땅을 다시 바르게 할 것이다."*

거기에는 또 이런 말도 있었다.

* 이성계는 기해년(己亥年) 생으로 돼지띠이다.

"비의非衣, 주초走肖, 삼전삼읍三奠三邑."**

사람을 시켜 그 사람을 들이려 했으나 이미 가 버려 찾지 못했다.

고려 서운관書雲觀: 천문·역학·지리 담당 기관에 간직한 비기에 '건목득자'建木得子라는 글과 '왕씨가 망하고 이씨가 일어난다'는 글이 있었다. 이 글은 고려 말까지 숨겨진 채 알려지지 않다가 이때에 이르러 비로소 나타났다. 또 조명早明이란 말도 있었다. 사람들이 그 뜻을 알지 못했는데, 후에 국호를 조선으로 한 뒤에야 그 뜻을 알게 되었다. 또 동북면 의주전주 이씨의 근거지에 큰 나무가 있었는데, 말라서 썩은 지 여러 해였다. 그런데 개국하기 1년 전, 그 나무에 다시 가지가 나고 잎이 무성해졌다. 이에 당시 사람들이 모두 개국의 징조라고 말했다.

이성계가 왕위에 오르기 전 시중 경복흥의 집에 갔을 때였다. 경복흥이 반가이 맞이하고 아내에게 인사시키며 지극히 존경하는 뜻을 보였다. 또 이성계를 특별히 높여 대접하며 자손을 부탁했다. 이성계가 전쟁을 치르러 외방에 갈 때마다 경복흥이 이렇게 일렀다.

** 비의(非衣)는 '배'(裵) 자의 파자로 배극렴을, 주초(走肖)는 조(趙)의 파자로 조준을, 삼전삼읍(三奠三邑)은 '정'(鄭) 자를 의미하며 정도전을 가리킨다.

"동한東韓: 우리나라의 사직이 그대 손에 돌아갈 것이오. 전쟁이 수고롭다 꺼리지 말고 나라를 지켜 공을 세우시오."

일찍이 상명사相命師: 운명을 점치는 사람 혜징惠澄이 사사로이 친한 사람에게 말했다.

"내가 사람들의 운명을 많이 보았으나 이성계와 같은 사람은 없었다."

그와 친한 사람이 물었다.

"타고난 운명이 좋다 한들 고작 재상의 우두머리 정도가 아니겠는가?"

혜징이 다시 말했다.

"재상 정도를 말해 무엇하겠는가? 내가 본 것은 군주의 운명이니 반드시 그가 왕씨를 대신해 나라의 주인이 될 것이네."

_ 태조 1년(1392, 임신) 7월 17일

2-6. 새 나라의 이름, 조선

국호를 결정해 주소서

예문관학사藝文館學士 한상질韓尙質을 명나라 남경에 보내 국호를 조선朝鮮이나 화령和寧: 태조의 고향으로 고쳐 달라고 청했다. 황제께 올린 글은 이러하였다.

"저희 신하 조임趙琳이 남경으로부터 예부 자문咨文: 외교 문서을 가지고 돌아왔습니다. 삼가 황제의 칙지를 받들어 보니 이런 말이 있었습니다. '고려가 천도에 순응하고 인심에 부합해 변방에 분쟁을 일으키지 않는다면 서로 사신이 왕래하게 될 것이다. 이는 진실로 그대의 나라에 복이 아닐 수 없다. 이 문서가 도착하는 날 국호를 무엇으로 고칠 것인지 빨리 와서 보고하라.'

삼가 생각해 보니 고려 왕요王瑤: 공양왕는 사리에 어둡고 도리에 어긋나 스스로 망했습니다. 이에 온 나라의 신하와 백성들이

신을 추대해 국사를 대행하게 하니, 신은 놀라고 두려워 몸 둘 바를 모르겠습니다. 지금 황제께서 신에게 권지국사權知國事: 왕호를 받기 전 임시로 사용하는 왕에 대한 칭호를 허하시고 또 국호까지 물으시니 신과 백성들은 매우 기쁘고 감격했습니다. 가만히 생각해 보니 국호는 마음대로 고칠 수 없는 것입니다. 조선과 화령이라는 두 가지 국호로 올리니 황제께서 결정해 주시기 바랍니다."

_ 태조 1년(1392, 임신) 11월 29일

조선이란 이름을 받들어 쓰노라

주문사奏聞使 한상질이 와서 예부의 자문을 전하니, 임금이 황제의 궁궐을 향해 사은례은혜에 사례하는 의례를 행했다. 임금이 한상질에게 전지田地 50결을 내려 주고, 전국에 교지를 내렸다.

"왕은 이르노라. 나는 덕이 적은 사람으로 하늘의 아름다운 명을 받아 새로 나라의 주인이 되었다. 지난번에 중추원사中樞院事 조임趙琳을 보내 황제께 글을 올렸더니 '국호는 무엇으로 고칠 것인지 빨리 와서 보고하라' 하셨다. 이에 한상질을 보내 국호를 청했더니, 홍무 26년태조 2년(1393) 2월 15일에 예부의 자문을 가지고 돌아왔다. 그 자문에 이르기를 '동이東夷의 국호는 다만 조선이라는 칭호가 아름답다. 조선은 그 유래가 오래되었으니 그 이름의 근본을 본받아 하늘을 우러르고 백성을 다스려 영원히 후사를 번성하게 하라'고 하셨다.

지금 내가 부족하니 어찌 감히 홀로 기뻐하겠는가? 이는 실로 종묘사직과 백성의 한없는 복이다. 이에 중앙과 지방에 널리 알려 모두와 더불어 혁신을 시작할 것이다. 지금부터 고려라는 이름은 버리고 조선이라는 이름을 받들어 쓰노라.

처음으로 임금의 교화를 시행하게 되었으니, 마땅히 관대한 은혜를 베풀어야 할 것이다. 이 교지가 내려지기 이전에 지은 이죄二罪: 사형 다음가는 죄 이하의 죄 중, 이미 발각되었거나 발각되지 않았거나, 이미 판결이 났거나 나지 않았거나를 막론하고 모두 사면할 것이다. 감히 이 교지 이전의 일로 서로 고발하고 다투는 자가 있다면 그 죄를 묻겠다.

아아! 왕업을 세워 후손에게 전하게 되었고, 나라의 이름 또한 고쳤노라. 바른 정치를 펴고 인정仁政을 베풀어 마땅히 백성을 위해 힘쓰겠노라."

_ 태조 2년(1393, 계유) 2월 15일

2-7. 명산대천(名山大川)에 새 벼슬을 내리다

예조전서禮曹典書 조박趙璞 등이 상서했다.

"신 등이 역대 제사에 대한 법률을 살펴보니 종묘, 적전籍田: 임금이 직영하는 농토, 사직社稷: 토지와 곡식의 신, 산천山川, 성황, 문선왕文宣王: 공자 석전釋奠: 문묘에서 공자에게 지내는 제사에 제사 지내는 것은 옛날부터 널리 시행해 온 법도입니다. 청컨대 지금 『예기』禮記 「월령」月令편에 따라 제도를 만들어 후세에 전하시고, 해당 관청에 내려 때에 맞춰 제사 지내게 하십시오. 원구圜丘: 하늘에 제사 지내는 제천단는 천자가 하늘에 제사 지내는 곳이니, 청컨대 이를 폐지하십시오.*

* 원구에는 오직 천자만이 제사 지낼 수 있으나 삼국시대 이래 우리는 줄곧 원구에 제사를 지내 왔고, 조선 초 이에 대한 논쟁이 거듭된다. 결국 원구는 세조 대에 이르러 폐지됐고, 고종 황제 즉위 이후 재건됐다. 현재 서울 조선호텔 옆에 사적이 남아 있다.

여러 신들의 사당과 각 지방의 성황은 나라에서 제사 지내는 곳이니 그대로 보존하십시오. 다만, 이들을 아무개 주州, 아무개 마을의 성황신이라 부르고 신위를 설치해 각 고을의 수령에게 봄·가을로 제사 지내게 하십시오. 제수나 그릇, 제사 지내는 예법은 모두 나라에서 정한 법을 따르게 하십시오.

봄·가을에 지내는 장경백고좌藏經百高座: 100명의 고승이 100일 동안 100곳에서 행하는 대장경 법회, 불교 일곱 도량에 지내는 제사, 그 밖의 도전道殿, 신사神祀, 초제醮祭: 별들에 지내는 제사는 고려 왕들이 개인의 소원을 빌기 위해 설치한 것입니다. 이는 모두 후손들이 미처 없애지 못한 제도인데, 새로운 천명을 받은 지금 어찌 그대로 따르겠습니까? 모두 혁파해 없애시길 청합니다.

조선의 단군은 동방에서 처음으로 천명을 받은 임금이고, 기자箕子는 처음으로 백성을 교화한 임금입니다. 평양부에 명해 때마다 제사드리게 하십시오. 고려의 혜왕·현왕·충경왕·충렬왕은 백성들에게 베푼 공이 있으니 마전군麻田郡: 경기도 연천군에 있는 태조 왕건의 묘에 합사合祀토록 하십시오."

임금이 도당에 교지를 내렸다.

"봄·가을의 장경백고좌와 일곱 도량에 지내는 제사는 처음 설치한 근원을 고찰해 다시 아뢰도록 하라."

_ 태조 1년(1392, 임신) 8월 11일

이조吏曹: 관리의 벼슬과 관작 담당에서 나라의 명산대천·성황·해도海島의 신에게 작위를 내려줄 것을 청했다. 이에 개성 송악의 성황은 진국공鎭國公: 어지러운 나라를 편안하게 한 산에 봉하고 화령·안변·완산의 성황은 계국백啓國伯: 새로운 나라를 연 산에 봉했다. 지리산·무등산·금성산·계룡산·감악산·삼각산·백악산과 진주의 성황은 호국백護國伯: 나라를 지키는 산이라 했고, 그 나머지 산들과 섬들은 모두 호국의 신이라 했다. 이것은 대부분 대사성大司成 유경劉敬의 의견에 따라 예조에서 상세히 정한 것이다.

_ 태조 2년(1393, 계유) 1월 21일

이조에 명해 한양의 백악산현 북악산을 진국백鎭國伯에 봉하고, 한양의 남산을 목멱대왕木覓大王으로 삼았다. 이에 따라 경대부나 일반인들은 그곳에서 제사 지낼 수 없게 되었다.

_ 태조 4년(1395, 을해) 12월 29일

2-8. 피할 수 없는 왕씨 숙청

백관들, 왕씨 숙청을 청하다

대간과 형조에서 여러 번 상소를 올려 왕씨를 제거하라고 청했다. 임금이 차마 하지 못해 윤허하지 않으니 신하들이 여러 날 동안 대궐 문앞에 엎드려 강경하게 간언했다. 임금이 도평의사사에 명했다.

"왕씨를 제거하는 일은 내가 차마 하지 못하겠다. 여러 관리와 나라의 원로들을 모아 각자 의견을 적게 하고 단단히 밀봉해 바치라."

도평의사사에서 모든 관원과 원로들을 수창궁에 모이게 한 후 말했다.

"고려의 왕씨는 천명과 인심을 잃어 하늘의 벌을 자초했소. 그러나 전하께서 호생好生의 덕을 베풀어 그들의 생명을 보전하셨으니 그 은덕이 지극히 깊다 할 것이오. 그런데도 왕씨들이 의심을 품고 몰래 반역을 꾀했으니 이는 용납할 수 없는 일이오. 그대들은 왕씨를 어떻게 처리할지에 대한 의견을 적어 단단히 밀봉해 올리도록 하시오."

이에 양부문하부와 밀직사와 각 관사의 관리들과 많은 원로들이 왕씨들을 죽여 후환을 없애자고 하였고, 겨우 수십 명의 관리들만이 왕씨들을 섬으로 귀양 보내자고 청하였다. 도평의사사에서 임금께 많은 사람의 의견을 따르시라고 청하니 임금이 명하였다.

"왕씨의 일은 관원들이 올린 글에 의거해서 처리할 것이다. 다만 왕우王瑀: 공양왕의 아우 삼부자는 조상의 제사를 모셔야 하므로 특별히 용서한다."

이에 중추원부사中樞院副使 정남진鄭南晉과 형조의랑刑曹議郞 함부림咸傅霖을 삼척으로, 형조전서刑曹典書 윤방경尹邦慶과 대장군 오몽을吳蒙乙을 강화로, 형조전서 손흥종孫興宗과 첨절제사僉節制使 심효생沈孝生을 거제도로 보냈다.

_ 태조 3년(1394, 갑술) 4월 14일

왕씨의 숙청

윤방경과 그 일행이 왕씨들을 강화 나루에 던졌다.

_ 태조 3년(1394, 갑술) 4월 15일

손흥종과 그 일행이 왕씨들을 거제 바다에 던졌다.

_ 태조 3년(1394, 갑술) 4월 20일

정남진 등이 삼척에 이르러 공양군에게 왕명을 전했다.

"신하와 백성이 나를 임금으로 추대한 것은 실로 천명이다. 그대 공양군을 관동關東: 강원도 동부으로 보내고 나머지 왕씨들도 각자 편한 곳에서 생업을 이어 가게 했는데, 지금 동래 현령 김가행金可行 등이 반역을 꾀하며 장님 이흥무李興茂에게 왕씨들의 운명을 점치게 했다. 일이 발각돼 죄인들은 이미 마땅한 벌을 받았다. 이것이 비록 그대의 잘못은 아닐지라도 그대가 나라를 이 지경에 이르게 한 것이다. 대간과 형조에서 열두 번이나 상소했고, 며칠 동안이나 간쟁했으며, 다른 대소신료들도 글을 올려 간언했다. 이에 내가 마지못해 그들의 의견을 따른다. 공양군은 이 사실을 모두 알라."

마침내 공양군과 그의 두 아들이 교살絞殺: 목을 졸라 죽임되었다.

_ 태조 3년(1394, 갑술) 4월 17일

나라 안에 있는 왕씨의 남은 자손들을 찾아서 모두 베었다.

_ 태조 3년(1394, 갑술) 4월 20일

고려 왕조에서 공을 세워 왕씨 성을 하사받은 사람은 모두 본래의 성을 다시 쓰게 했다. 왕족이 아닐지라도 왕씨 성을 가진 사람은 모두 어머니의 성을 따르게 했다.

_ 태조 3년(1394, 갑술) 4월 26일

三. 새 하늘 새 땅, 한양 천도

3-1. 새 도읍 한양

계룡 천도를 중지하다

대장군 심효생을 계룡산에 보내 새 도읍 건설을 중지시켰다.* 일전에 경기좌우도관찰사 하윤河崙이 아뢰었다.

"도읍은 마땅히 나라의 중앙에 있어야 하는데, 지금 천도하고자 하는 계룡은 남쪽에 치우쳐 있습니다. 또한 계룡의 땅은 산이 건방乾方: 서북방에서 시작되고 물이 손방巽方: 동남방으로 흘러갑니다. 이는 송宋나라의 호순신胡舜臣: 송나라의 풍수학자이 말한 '물이 장생방長生方을 깨뜨려서 곧 패배해 쇠락할 땅'에 해당됩니다. 하여 도읍을 건설하기에는 적당하지 않습니다. 신이 아비의 장례를 치르면서 풍수에 관련된 책을 여러 권 보았기에 올리는 말씀

* 태조는 즉위 이듬해 계룡에 새 도읍을 건설하기로 하고 도성 공사를 시작했다.

입니다."

이에 임금이 풍수와 지리에 관한 서적을 바치게 하고 판문하부사判門下府事 권중화權仲和, 판삼사사 정도전, 판중추원사 남재南在 등에게 명해 하윤과 함께 그 내용을 검토하게 했다. 동시에 고려에서 조성한 여러 산릉山陵의 위치와 그 길흉의 관계도 다시 조사하게 했다. 이에 봉상시奉常寺: 제사와 시호(諡號)를 담당하는 관청에 보관하던 제산릉형지안諸山陵形止案을 토대로 산수의 방향과 그 길흉을 살피니, 모두 서적에 기록된 풍수의 이론과 일치했다. 이에 계룡에 조성하던 새 도읍 건설을 중지시키니 나라 사람들이 모두 크게 기뻐했다. 오늘날 호순신의 책이 널리 읽히는 것은 이때부터 시작되었다. 임금이 고려 서운관書雲觀에 저장된 비밀문서를 모두 하윤에게 주고, 꼼꼼히 살펴 천도할 땅을 다시 찾으라고 명했다.

_ 태조 2년(1393, 계유) 12월 11일

무악 천도를 검토하다

첨서중추원사簽書中樞院事 하윤이 아뢰었다.

"우리나라에서 한 나라의 도읍으로 오랫동안 명맥을 유지한 곳은 계림경주과 평양뿐입니다. 무악서울시 서대문구*은 비록 땅이 낮고 좁지만 계림이나 평양에 비하면 궁궐의 터가 넓습니다. 또 나라의 중앙에 있어 물품을 운반하기에도 편리합니다. 무엇보다 주변의 산과 물이 성대해 한 나라의 도읍으로 의지할 만합니다. 이는 우리나라 선현들의 비기秘記에도 부합하고, 중국의 여러 지리학자들이 말한 '산과 물이 문안 인사하듯 모여든다'는 곳과도 비슷합니다.

삼가 생각하니, 새 임금이 나는 것은 천명입니다. 하여 도읍을 정하는 일도 경솔하게 논의할 수 없습니다. 지금 전하께서 한때의 민심에 부합해 공사를 일으키지 않으시려면 개경에 그대로 있는 것이 편할 것입니다. 그러나 만약 옛 현인들의 말씀에 의거해 만세의 터전을 세우시려면 무악보다 나은 곳이 없습니다."

_ 태조 3년(1394, 갑술) 8월 12일

임금이 친히 무악에 가서 천도할 땅을 살펴보았다. 판서운관사判書雲觀事 윤신달尹莘達과 서운부정書雲副正 유한우劉旱雨 등이 임금 앞에 나와 말했다.

* 현재는 무악이 행정구역상 서울에 속하지만 당시 무악은 한양 외곽에 있는 별도의 지역이었다.

"지리의 학설로 보면 무악은 도읍하기에 좋지 않습니다."

임금이 말했다.

"너희들이 경솔히 좋다고 했다가 아니라고 했다가 오락가락하는구나. 만일 여기가 좋지 않다면 옛 문헌에 근거에 그 이유를 설명해 보라."

이에 윤신달 등이 물러가 여러 서운관원들과 함께 이 일을 의논했다. 임금이 유한우를 따로 불러 물었다.

"이곳이 그렇게 좋지 못한가?"

유한우가 대답했다.

"신이 보기에는 참으로 좋지 못합니다."

임금이 또 물었다.

"여기가 좋지 못하면 어디가 좋겠는가?"

유한우가 잘 모르겠다고 대답하자 임금이 노하여 말했다.

"서운관천문·풍수·지리 담당 관원인 네가 모르겠다고 하다니 누구를 속이려 하느냐? 너는 개경의 지기地氣가 이미 쇠했다는 말을 듣지도 못했느냐?"

유한우가 대답했다.

"그것은 도참圖讖: 미래의 운명에 대한 예언으로 말한 것입니다. 신은 단지 지리산, 물, 땅의 형세로 길흉화복을 살피는 법만 배워서 도참은 잘 모릅니다."

임금이 말했다.

"도참도 지리를 근거로 한 것이다. 도참이라 하여 터무니없이 근거 없는 말을 했겠느냐? 정 그렇다면 네가 진심으로 좋다고 생각하는 곳을 말해 보아라."

유한우가 대답했다.

"고려 태조가 개경 송산松山의 명당에 궁궐을 지었습니다. 그러나 중기 이후의 왕들은 별궁을 지어 궁궐터를 옮겼고, 오랫동안 그곳을 버려 두었습니다. 신의 생각으로는 송산의 지기가 아직 쇠하지 않은 듯합니다. 다시 그곳에 궁궐을 짓고 그대로 개경에 도읍하는 것이 좋겠습니다."

임금이 말했다.

"내가 이미 도읍을 옮기기로 결정했다. 만약 가까운 곳에 길지가 없다면 삼국이 도읍했던 곳도 괜찮을 것이다. 너희들이 합의해서 아뢰도록 하라."

임금이 다시 좌시중 조준과 우시중 김사형金士衡에게 말했다.

"고려 말부터 서운관이 여러 번 상서하기를 개경의 지기가 쇠했으니 한양으로 천도하라고 하였다. 근래에는 다시 계룡이 좋다고 해 그곳에 공사를 일으켰다. 이번에는 무악이 도읍할 만한 곳이라고 하여 직접 와서 살피고 있는데, 이제 와서 저들이 이곳이 좋지 못하고 도리어 개경이 좋다고 하는구나. 이처럼 서로 논쟁하며 이랬다저랬다 하니 이는 일찍이 엄하게 다스리지 않았기 때문이다. 경들은 서운관들에게 각각 도읍할 만한 곳을 진술하게 하라."

이에 겸 판서운관사 최융崔融·윤신달·유한우 등이 상서했다.

"우리나라 내에서는 부소扶蘇: 개경 송산가 첫째가는 명당이요, 남경한양의 옛이름이 그 다음입니다."

_ 태조 3년(1394, 갑술) 8월 11일

한양으로 정하다

임금이 한양에 행차해 옛 궁궐터*와 산세를 살피다가 윤신달 등에게 물었다.

"여기는 어떠한가?"

윤신달이 대답했다.

"우리나라에서는 개경이 으뜸이고 한양이 그 다음입니다. 아쉬운 점은 건방乾方: 북쪽이 낮아 물과 샘이 마르는 것뿐입니다."

* 고려시대 한양은 남경이라 하여 서경(평양), 동경(경주)과 함께 개경 다음으로 번성했다. 고려는 11세기 초반 문종 때부터 한양에 궁궐을 지었으며, 공양왕은 1390년 약 4개월간 한양 천도를 감행했다.

임금이 기뻐하며 말했다.

"개경인들 어찌 부족한 점이 없겠는가? 지금 이 땅의 형세를 보니 가히 왕도王都가 될 만하다. 물품을 운반하는 배가 다닐 수 있고 사방이 고르게 평평하니 백성들에게도 편리할 것이다."

임금이 왕사王師 자초自超: 무학대사에게 물으니, 자초가 대답하였다.

"이 땅은 사방이 높고 수려하면서도 중앙은 평평합니다. 마땅히 성을 쌓아 도읍할 만합니다. 그러나 여러 사람들의 의견을 듣고 결정하십시오."

임금이 여러 재상들에게 의논하게 하니 모두 말했다.

"도읍을 꼭 옮겨야만 한다면 이곳이 좋겠습니다."

그러나 하윤만 홀로 주장했다.

"산세는 비록 괜찮은 듯 보이지만, 풍수지리로 말한다면 좋지 않습니다."

임금이 여러 사람들의 의견을 따라 한양을 도읍으로 정했다.

_ 태조 3년(1394, 갑술) 8월 13일

3-2. 한양의 설계도를 그리다

궁궐터를 정하라

판문하부사 권중화·판삼사사 정도전·청성백青城伯 심덕부沈德符 등을 한양에 보내 종묘·사직·궁궐·시장·도로의 터를 정하게 했다. 권중화 등은 고려 충숙왕 때 지었던 옛 궁궐터가 너무 좁다 하고, 궁궐과 종묘 터를 새로 정해 도면을 그려 바쳤다.

이에 옛 궁궐 남쪽의 해방亥方: 정북(正北)에서 서(西)로 30도 각도를 중심으로 한 15도 각도 안의 방향에 있는 산북악산을 주맥主脈으로 하고, 임방壬方: 정북에서 서로 15도의 방위를 중심으로 한 15도 각도 안의 방향에서 병방丙方: 정남(正南)에서 동으로 15도 방위를 중심으로 한 15도 각도 안의 방향을 바라보는 넓고 평탄한 곳을 궁궐터로 정했다. 이곳은 주변의 여러 산맥이 머리를 조아리는 형상이었으므로, 임금이 남쪽을 향해 앉아 천하를 다스리는 뜻에도 합당했다.* 궁궐터에서 동쪽으로 몇 리 떨어진 곳에 종묘터를 정했는데, 감방坎方: 북쪽의 산북악산을 주맥으로 하고 임방에서 병방을 바라보도록 했다.

_ 태조 3년(1394, 갑술) 9월 9일

집터를 나누어 주다

장지화張至和 등이 상소했다.

"전하께서 새로 도읍을 정하시고, 개성부開城府**에 명해 전현직 관리들과 서민들에게 집터를 나누어 주게 하셨습니다. 그러나 신들의 생각으로는 이것을 시행하는 데 어려움이 있습니다. 지금 한양의 면적은 5백여 결結: 1결은 약 4000평에 불과합니다. 만약 정한 대로 정1품에게 60부負: 1부는 약 40평를 주고 차례대로 감하여 내려준다면, 현직 문무관에게도 골고루 나누어 줄 수가 없습니다. 하물며 퇴직한 관리나 일반 서민들은 어떻겠습니까? 청컨대, 담당 관리에게 집터의 면적을 다시 정하게 하시고 최고

* 임금이 남면(南面)한다는 뜻이다. 천자와 임금은 남쪽을 향해 앉아 신하들의 조회를 받으므로 궁궐의 정전은 남쪽을 바라본다.

** 당시 아직 한성부(漢城府)가 설치되지 않았으므로 수도 건설에 관한 일을 개성부에서 담당했다.

30~40부를 넘지 않게 하소서. 그렇게 한다면 모두 불만 없이 각자 살 곳을 얻을 수 있을 것입니다."

임금이 윤허했다.

_ 태조 4년(1395, 을해) 1월 14일

개성부에서 다시 관리의 품계에 따라 집터를 정했다. 정1품에게는 35부를 주고, 이하 한 품에 5부씩 줄여 6품에 이르러서는 10부를 주게 했다. 서민에게는 2부씩 주었다.

_ 태조 4년(1395, 을해) 1월 14일

3-3. 천지신명께 안전한 공사를 비나이다

하늘과 땅에 비나이다!

임금이 하룻밤 동안 재계하고서, 판삼사사 정도전에게 황천皇天: 큰 하늘과 후토后土: 토지의 신의 신께 제사를 올려 새 도읍 건설을 고하라 명했다. 그 글은 이러하였다.*

"조선의 국왕, 신臣 이단李旦: 태조의 휘은 좌정승 조준, 우정승 김사형, 판삼사사 정도전 등을 거느리고 정성껏 재계하고서 황천과 후토의 신께 고합니다. 하늘이 덮어 주고 땅이 실어 주어 만물이 생겨나고, 옛것을 고쳐 새롭게 혁신하여 천하의 사람들이

* 황천과 후토는 국왕이 받들어 모셔야 하는 신들로, 임금은 자신을 '신'(臣)이라 일컬으며 공경을 다한다. 반면 산천의 신령은 국왕에게 봉작을 받은 신하의 신분이다. 따라서 이들에게는 명령하는 형식의 제문을 내린다.

모여듭니다. 가만히 생각해 보니, 어리석고 못난 신은 하늘의 음덕에 힘입어 고려가 망하는 때를 맞아 조선의 창업을 명받았습니다. 돌이켜보매, 책임이 너무 무거워 두려운 마음으로 잠시도 편히 지내지 못했습니다. 하여 영원히 그만둘까도 생각했으나 그 뜻을 이룰 수 없었습니다.

그러한 때에 천문을 맡아 보는 관원이 말했습니다. '개경은 지기가 쇠락했고 화산華山: 북한산의 남쪽은 지세가 훌륭합니다. 그곳에 새 도읍을 세우십시오.' 하여 신은 여러 신하들의 의견을 듣고 종묘에 고한 후, 10월 25일에 한양으로 옮겨 왔습니다.** 천문관이 또 말했습니다. '종묘는 선왕의 신령을 모시는 곳이고 궁궐은 정사를 듣는 곳입니다. 반드시 있어야 합니다.' 이에 이 달 초나흗날부터 새 도읍 건설을 시작하려 합니다.

바야흐로 큰 공사를 일으키게 되니 백성들이 괴로울까 염려됩니다. 황천께 우러러 아뢰오니, 비가 오는 것과 날이 개는 것을 때에 맞춰 주시고, 공사를 잘 마쳐 큰 도읍에서 편히 살 수 있도록 굽어 살피소서. 위로는 무궁히 천명에 짝하게 하시고 아래로는 길이 민생을 살피게 하신다면, 신은 황천을 더욱 정성껏 받

** 태조는 1394년 8월 24일, 한양으로 도읍을 옮긴다는 교서를 내리고 10월 25일 한양으로 옮겨 간다. 새 궁궐과 도성 건설은 도읍을 옮긴 이후 12월 4일부터 시작된다.

들고 공경히 제사 지낼 것입니다. 또한 시절의 기미를 조심히 살피고 부지런히 정사에 힘써 백성들과 함께 태평성대를 누리겠습니다."

_ 태조 3년(1394, 갑술) 12월 3일

산천의 신령에게 명하노라!

또 참찬문하부사參贊門下府事 김입견金立堅을 보내 산천의 신령에게 새 도읍 건설을 고하게 했다. 그 글은 이러하였다.

"왕은 이르노라. 그대 백악산서울 북악산과 목멱산서울 남산, 그 밖의 모든 산의 신령들이여! 한강과 양진楊津: 한강 양화진의 신령들과 여러 물귀신들이여! 예부터 도읍을 정한 자는 반드시 산에 봉작을 내려 진鎭이라 하였고, 물을 표하여 기紀라 하였다. 이는 나라 안의 명산대천을 법전에 기록해 때에 맞춰 제사 지내고, 신령의 도움을 받기 위함이다.

돌이켜보니, 부족한 내가 백성의 뜻에 따라 조선의 국왕이 된 지 벌써 3년이다. 이에 천문관의 말에 따라 도읍을 한양으로 옮기고 종묘와 궁궐을 지을 날짜를 정했다. 그러나 큰 공사로 인해 백성들이 혹사당하지 않을까, 비와 추위와 더위가 공사를 방해하지 않을까 걱정이구나.

이에 좌정승 조준·우정승 김사형·판삼사사 정도전 등을 거느리고 정성껏 재계하고, 이달 초사흘 참찬문하부사 김입견을 보내 폐백과 음식을 갖추어 여러 신령들에게 이르노라. 이번 공사는 내 한 몸 편하고자 하는 일이 아니다. 부디 이 제사로 백성들이 무궁한 천명을 받들 수 있게 되기를 바라노라. 그대 신령이 있거든 나의 지극한 마음을 알아서 음양을 조화롭게 하고, 병이 생기지 않게 하며, 변고가 일어나지 않게 하라. 그리하여 큰 공사를 무사히 마쳐 대업을 이루게 된다면, 내가 비록 변변치 못하더라도 나 혼자만 편안하게 잘 지내지는 않을 것이다. 내가 후세에 이르도록 그대들에게 때에 맞춰 제사 지내게 할 것이니, 너희 신들 또한 영원히 먹을 것을 얻게 되리라. 고로 이를 널리 알리노라."

_ 태조 3년(1394, 갑술) 12월 3일

3-4. 궁궐 짓는 승려들

백성 대신 승려를 동원하다

임금이 새 도읍 건설에 동원된 백성들을 염려하며 말했다.

"승려들 중에 놀고먹는 자들이 많으니 그들을 모아서 일을 시켜야겠다."

이 말을 들은 각 종파의 대표들이 부역할 승려들을 모집했는데, 나서는 자가 수십 명이나 되었다. 내원당內願堂: 궁궐 내 불당 관리 조생祖生이 그들을 인솔해 나오자, 임금이 기뻐하며 음식을 내렸다. 각 종파의 대표들에게도 명주와 면포를 하사했다.

_ 태조 2년(1393, 계유) 11월 19일

중추원부사 최원崔遠을 종묘터에 보내고 첨서중추원사僉書中樞院事 권근을 궁궐터에 보내 오방五方: 동서남북중앙의 지신地神에게 제사 지내게 하고 공사를 시작했다. 이때 여러 절의 승려들을 모아 관청에서 입을 것과 먹을 것을 주며 일을 시켰는데, 이는 농사짓는 백성들을 괴롭히지 않으려는 뜻이었다. 임금이 종묘 공사가 시작되는 것을 지켜보았다.

_ 태조 3년(1394, 을해) 12월 4일

숙련된 기술자, 승려

궁궐을 짓는 각 도의 장정들을 돌려보내고 승려들이 대신하도록 했다.

대사헌 박경朴經 등이 글을 올렸다.

"궁궐 짓는 규정에 따르면 임금이 거처하실 전殿이 있어야 하고, 백관들이 정사를 볼 방도 필요합니다. 이에 지어야 할 건물의 수가 1천 개가 넘고, 필요한 인부들의 수도 수만 명에 이릅니다. 그러나 농민들에게 이 일을 모두 시킨다면 농사지을 시기를 잃을 것이니 진실로 염려하지 않을 수 없습니다.

사대부들이 집 한 채를 지을 때에도 반드시 승려를 청해 일을 합니다. 승려들은 숙련된 기술자인 데다 처자가 없어 공사에 집중할 수 있기 때문입니다. 승려의 입장에서도 먹을 것과 입을 것을 얻을 수 있어 이를 좋아합니다. 일개 사대부의 집도 이러한

데, 어찌 궁궐을 짓는 일에 서툰 백성들을 쓰겠습니까? 농사만 망치고 공사도 늦어질 뿐입니다.

나라의 승려는 원래 정해진 한도가 없기에 백성 중에 10분의 3이나 됩니다. 그들 중에 달려와 부역할 사람이 적어도 3분의 2는 될 것입니다. 대개 승려에는 세 가지 등급이 있습니다. 상등은 음식을 먹되 배부르게 먹지 않고, 머무르되 거처를 정하지 않으며, 승당僧堂에 머물며 마음을 수행하는 자들입니다. 중등은 불경을 강론하며 말을 타고 돌아다니는 자들입니다. 하등은 재齋를 올리는 곳이나 초상집에 달려가 염불을 해주고 음식과 옷을 구하는 자들입니다.

신들이 생각하기에 나라의 큰 공사에 하등의 승려들을 모아 일시키는 것은 해될 것이 없습니다. 원컨대 담당 관리에게 명해 승려들을 모아 일하게 하고, 백성들은 징용하지 마십시오. 이로써 백성들이 그들의 생계를 보살피게 되면 공사를 그만두지 않고서도 나라의 근본이 튼튼해질 것입니다."

이에 임금이 윤허한 것이다.

_ 태조 4년(1395, 을해) 2월 19일

3-5. 경복궁에 새겨진 뜻

판삼사사 정도전에게 명해 새 궁궐과 여러 전각의 이름을 짓게 했다. 이에 정도전이 이름을 짓고 그 뜻을 적어 올렸다. 새 궁궐을 경복궁이라 했고, 임금의 연침은 강녕전이라 했으며, 동쪽 소침은 연생전이라 했고, 서쪽 소침은 경성전이라 했다. 연침 남쪽은 사정전이라 했고, 그 남쪽은 근정전이라 했으며, 동쪽 누각은 융문루라 했고, 서쪽 누각은 융무루라 했다. 궁전의 전문殿門은 근정문이라 하고, 남쪽 문은 정문正門이라 하였다.

경복궁에 대해 말했다

"신이 살펴보건대 궁궐은 임금이 정사를 듣는 곳이자 사방의 사람들이 우러러 보는 장소이며, 신하와 백성이 함께 짓는 곳입니다. 이 때문에 궁궐을 장엄하게 지어 그 존엄함을 드러내야 하며, 아름다운 이름을 지어 백성들을 감동시켜야 합니다. 한당漢唐 이래로 궁궐과 전각의 이름은 옛것을 따르기도 하고, 새로 짓기도 했습니다. 그러나 나라의 존엄을 드러내고, 백성들을 감동시키려는 뜻은 모두 한결같았습니다.

전하께서는 즉위하신 지 3년 만에 한양을 새 도읍으로 정하시고, 종묘와 궁궐을 짓게 하셨습니다. 공사가 마무리되어 지난 을미일10월 5일에는 새로 지은 종묘에서 제사를 지내게 하시고, 새 궁궐에서 신하들에게 연회를 베푸셨습니다. 이는 하늘의 은혜를 아래로 베푸시고, 대대손손 복록을 내리신 것입니다.

술이 세 순배쯤 돌았을 때 전하께서 신 정도전에게 분부하셨습니다. '지금 새 도읍을 정해 종묘에 제사 올리고 새 궁궐의 완성을 고했다. 내 그대들의 공로를 가상히 여겨 새 궁궐에서 잔치를 베푸니, 그대는 서둘러 새 궁궐과 새 전각의 이름을 짓도록 하라.' 신이 명을 받들어 삼가 손을 모으고 머리를 조아려 『시경』「주아」周雅편을 암송합니다.

> 이미 술에 취했고, 이미 덕에 배부르구나
> 군자가 영원토록 크나큰 복[景福]을 굳게 지키리라

이 시에 따라 새 궁궐의 이름을 경복궁景福宮이라 하기를 청합니다. 그리하면 전하와 그 자손들은 만대에 이르도록 태평성대를 누릴 것이며, 백성들은 영원히 감동할 것입니다.

『춘추』春秋에 이르기를 '백성을 귀하게 여기고 토목공사를 삼가라'고 했습니다. 어찌 임금이 되어 백성의 수고로 자신만 편안하게 지내겠습니까? 넓은 방에서 한가롭게 쉬실 때에는 가난한 선비를 생각하시고, 전각에 맑은 바람이 불어올 때에는 시원한 그늘 나누기를 생각하십시오.* 임금은 만백성이 봉양하는 것을 항상 잊지 말아야 할 것입니다."

연침 강녕전에 대해 말했다

"강녕康寧은 『서경』「홍범구주」洪範九疇에 나오는 오복 중 세번째 복입니다. 임금이 '마음을 바르게 하고 덕을 닦아서' 황극皇極: 치우침 없는 곧고 바른 만세의 법을 세운다면 능히 오복을 누릴 수 있습니다. 강녕이란 것은 오복 중의 중간인데, 중간을 세우면 나머지는 저절로 이루어집니다.

대체로 사람들은 남들이 지켜보는 곳에서는 힘써 노력하지만 홀로 있을 때에는 안일함에 빠지기 쉽습니다. '마음을 바르

* 넓고 시원한 궁궐에 살면서 누추한 곳에 사는 가난한 백성을 잊지 말라는 뜻.

게 하고 덕을 닦는다'는 것은 이를 경계한 말입니다. 남이 보지 않는다 하여 안일함에 빠지면 마음에는 바르지 못한 것이 생기고, 덕에는 닦여지지 않은 것이 있게 되며, 황극은 끝내 세워지지 않고, 오복은 일그러집니다.

옛날 위衛 무공武公은 스스로를 경계하는 시를 지었습니다.

군자들과 어울리는 그대를 살펴보니,

낯빛을 부드럽게 하고 잘못이 있을까 조심하는구나

혼자 방에 있는 그대를 살펴보니,

다른 사람이 보지 않아도 부끄러운 일을 하지 않는구나

무공은 이와 같이 경계하고 조심해 아흔이 넘도록 장수했습니다. 이는 황극을 세워 오복을 누린 명백한 증거입니다.

본래 공부라는 것은 한가히 홀로 있을 때에 시작되는 것입니다. 전하께서는 무공의 시를 본받아 홀로 있을 때 안일해지는 것을 경계하시고 항상 삼가고 조심하십시오. 그리하여 황극의 복을 누리신다면 뛰어난 후손이 대대로 이어져 천만세에 전해질 것입니다. 이에 연침燕寢: 왕이 평상시에 한가롭게 거처하던 전각의 이름을 강녕전康寧殿이라고 하였습니다."

침전 연생전과 경성전에 대해 말했다

"천지는 봄에 만물을 낳아 가을에 결실을 맺으며, 성인은 만백성을 인仁으로 살리고 의義로 바로잡습니다. 성인은 하늘을 대신해 만물을 다스리는 것이니, 정치와 법령은 한결같이 천지의 운행을 근본으로 해야 합니다. 이에 동쪽의 작은 침전寢殿: 임금이 잠을 자는 전각을 연생전[延生: 생명의 기운을 맞이하다]이라 하고, 서쪽의 작은 침전을 경성전[慶成: 완성을 기뻐하다]이라 하였습니다. 전하께서는 천지 생성의 원리를 본받으시어 정치를 밝게 하십시오."

편전 사정전에 대해 말했다

"천하의 이치는 생각하면 얻어지고 생각하지 않으면 잃어버리는 법입니다. 무릇 군주는 홀로 숭고한 자리에 있습니다. 그러나 만백성 중에는 슬기로운 사람과 어리석은 사람, 뛰어난 사람과 부족한 사람이 섞여 있으며, 모든 일에는 옳음과 그름, 이로움과 해로움이 함께 있습니다. 만약 임금이 깊이 생각하고 세밀하게 살피지 못한다면 어찌 일의 옳고 그름을 구별할 수 있겠습니까? 또 어찌 사람의 뛰어남과 부족함을 분별해 그를 등용하거나 내칠 수 있겠습니까? 예로부터 어느 임금이 영화로운 것을 구하고 위태한 것을 꺼리지 않았겠습니까마는, 사람답지 않은 이를 가까이하고, 그릇된 일을 도모해 재난을 당했습니다. 이는 진실로 생각하지 않았기 때문입니다.

『시경』의 '어찌 너를 생각하지 않았겠는가? 그저 집이 너무 멀기 때문이다'란 시에 대해 공자께서 말씀하셨습니다. '이 시를 지은 사람은 깊이 생각하지 않은 것이다. 거리가 먼 것이 무슨 핑계가 되겠는가?' 『서경』에도 또한 '생각하면 슬기로워지고, 슬기로우면 성인이 된다'는 말이 있습니다. 생각이란 이처럼 그 쓰임이 지극한 것입니다.

전하께서는 이 편전便殿: 임금이 일상적으로 정사를 보던 전각에서 매일 아침 정사를 보시고, 나랏일을 보고 받으시며, 조칙을 내리시고, 국사를 지휘하실 것입니다. 깊이 생각하고 또 생각해야 하는 곳이니, 이곳을 사정전思政殿이라 부르기를 청합니다."

정전 근정전에 대해 말했다

"천하의 모든 일은 부지런하면 다스려지고 부지런하지 못하면 무너집니다. 작은 일도 그러한데 정사와 같이 큰일은 어떠하겠습니까? 『서경』에 이르기를 '경계하면 걱정이 없어지고 법도를 잃지 않는다'고 했습니다. 또 순임금과 우임금의 부지런함에 대해서는 이렇게 말했습니다. '안일과 욕심으로 나라를 다스리려 하지 말고 조심하고 또 두려워하라. 하루 이틀 만에도 온갖 일이 벌어진다. 관리들을 함부로 대하지 말라. 사람이 하늘의 일을 대신하는 것이다.' 또 문왕의 부지런함에 대해서는 '아침부터 저물 때까지 밥 먹을 겨를이 없었으니 이로써 만백성이 모두 화목하였다'고 하였습니다.

임금이 부지런해야 하는 것이 이와 같습니다. 오랫동안 편안하면 쉽게 교만해지고 안일해집니다. 아첨하는 자의 말을 듣고 '나랏일로 나의 정력을 소모해 수명을 줄일 수 없다'고 하거나, '이미 높은 자리에 있거늘 어찌 고단하게 살겠는가?'라고도 합니다. 또 여악女樂: 음악하는 기생·사냥·놀이·토목공사 등 황음무도한 것을 입에 올리기도 합니다. 임금은 이것이 자신을 아끼고 지키는 것이라 생각하며 점점 태만해지고 거칠어지지만, 스스로 미처 깨닫지 못합니다. 한당漢唐 때의 임금들이 하·은·주 삼대의 임금들만 못하다는 것은 바로 이 때문입니다. 이러하니 임금이 어찌 하루라도 부지런히 힘쓰지 않을 수 있겠습니까?

그러나 임금이 부지런하기만 하고 무엇에 부지런해야 하는지 모른다면, 그 근면함은 너무 구차하게 됩니다. 옛날 유학자들이 말하기를, '아침에는 정사를 듣고, 낮에는 어진 이를 만나고, 저녁에는 법령을 닦고, 밤에는 몸을 편안하게 한다'고 했습니다.

이것이 바로 임금이 부지런히 해야 할 일들입니다. 또 말했습니다. '재능 있는 이를 구해 그를 등용하는 데 힘쓰라.' 이에 신은 정전正殿: 국가의 공식 행사를 거행하는 전각의 이름을 근정전勤政殿이라 하기를 청합니다.

융문루·융무루에 대해 말했다

"융문루隆文樓와 융무루隆武樓*에 대해 말씀드립니다. 문文으로 나라를 다스리고, 무武로 환란을 평정하는 것은 마치 사람에게 두 팔이 있는 것과 같아서 어느 하나라도 폐할 수 없습니다. 예악과 문물이 빛나서 볼 만하고, 군병과 무기가 정연히 갖추어져 있으며, 문장과 도덕이 높은 선비가 등용되고, 과감하고 용맹한 무장이 나라를 지킨다면 이는 문과 무를 모두 지극히 높인 것입니다. 전하를 뵈오니 문무를 함께 중히 여기시어 오래도록 다스림을 이어가시리라 생각됩니다."

* 융문루는 근정전 동쪽 누각으로 유교 관련 서적과 문서를 보관했다. 융무루는 근정전 서쪽 누각으로 정치 관련 서적과 문서를 보관했다.

정문에 대하여 말했다

"천자와 제후의 세력은 서로 다르지만 남쪽을 향해 앉아[南面] 정치하는 뜻은 같습니다. 모두 바름[正]에 뿌리를 두고 있는 것입니다. 고전을 상고해 보면 천자의 문을 단문端門이라 하는데, 단이란 바르다[正]는 뜻입니다. 그러니 이제부터 오문午門: 현 광화문을 정문正門이라고 칭하소서.

임금의 명령과 교지는 반드시 이 문을 통해 나가게 됩니다. 임금의 윤허를 받은 교지를 이 문을 통해 내보낸다면, 참소하는 말이 돌지 못하고 속이고 과장하는 말이 기대지 못할 것입니다. 임금께 아뢰는 말과 글 또한 반드시 이 문을 통해 들어오게 됩니다. 윤허를 받은 후에 이 문을 통해 말과 글을 들어오게 한다면, 사특한 말을 하지 않게 되고 신하의 공로를 판별할 수 있을 것입니다. 문을 닫아 괴이한 말과 사특한 백성을 끊으시고, 문을 열어 현명한 이들을 오게 하소서. 이것이 모두 정正의 큰 뜻입니다."

_ 태조 4년(1395, 을해) 10월 7일

3-6. 20만 명이 1년 만에 쌓은 한양 도성

한양 도성을 쌓은 방법

임금이 좌복야左僕射 남재 등을 시켜 좌우 정승에게 명했다.

"내년 정월에 여러 도의 백성을 징발해 한양 도성을 쌓고자 한다. 나의 뜻을 받들어 서둘러 완성하라."

_ 태조 4년(1395, 을해) 9월 26일

경상·전라·강원도와 서북면평안도 안주 이남, 동북면 함주 이남의 장정 11만 8천 7십여 명을 징발해 처음으로 도성을 쌓았다.

이에 앞서 미리 성터를 측량하고 천자문千字文 순서대로 공사 구역을 나누었다. 백악산북악산 동쪽에서 천天 자로 시작했고 백악산 서쪽에서 조弔 자로 끝났다.

성의 길이는 서쪽 산 돌재[石嶺]를 합해 모두 5만 9천 5백 척약

18킬로미터이었는데, 6백 척약 182미터마다 천자문 한 글자를 붙여 모두 97자字로 나누었고 또 한 글자의 구간은 다시 6호號로 나누었다. 이때 두 글자마다 책임자를 두었는데, 판사와 부판사를 각각 한 명씩 두고, 12명의 사使 · 부사副使 · 판관判官을 두었다.

각 지역의 백성의 수를 헤아려, 천天 자부터 일日 자까지는 동북면, 월月 자에서 한寒 자까지는 강원도, 내來 자에서 진珍 자까지는 경상도, 이李 자에서 용龍 자까지는 전라도, 사師 자에서 조弔 자까지는 서북면 사람들이 맡게 했다.

이때 도성 공사를 감독하는 자가 밤낮을 가리지 않고 일을 시켰다. 임금이 추위가 심하니 밤에는 부역을 금지하라고 명했다.

_ 태조 5년(1396, 병자) 1월 9일

도성 축조를 서두르라

임금이 각 도의 백성을 징발해 도성 공사를 끝마치려 했다. 이에 도평의사사에게 의견을 물으니 찬성사 이하의 관리가 모두 반대했다. 임금이 그들을 불러 물었다.

"내가 도읍을 옮기고 성곽도 거의 완성했다. 이제 마무리만 남았는데 어찌 모두 반대하는가? 이렇게 되면 내가 이곳으로 도읍을 옮길 수 있겠는가?"

삼사좌복야三司左僕射 우인열이 대답했다.

"신들의 뜻은 영원히 성을 쌓지 말자는 것이 아닙니다. 다만 풍년을 기다려 백성을 동원하자는 것입니다."

정당문학政堂文學 한상질도 대답했다.

"금년 초에는 몹시 가물었고, 늦게는 수재가 들었습니다. 거기에 메뚜기 떼까지 덮쳐서 금년에는 벼가 여물지 못했습니다. 신들은 그저 내년을 기다리자는 것입니다."

임금이 말했다.

"내가 이미 각 도의 관찰사에게 명해 부역할 사람들에게 식량을 나눠 주게 했다."

참찬문하부사 안익安翊이 대답했다.

"신들은 이미 식량까지 내리신 줄도 모르고 반대했습니다. 신들 모두에게 죄가 있습니다."

임금이 안익의 말을 듣고 노여움이 조금 풀려서 술을 내린 후 돌려보냈다.

_ 태조 5년(1396, 병자) 7월 21일

경상·전라·강원도에서 성 쌓을 인부 7만 9천 4백 명을 징발하였다.

_ 태조 5년(1396, 병자) 8월 6일

한양 성문의 이름

봄에 성을 쌓은 곳에 물이 솟아나 무너진 곳이 생겼다. 이에 돌로 다시 성을 쌓고 중간 중간 토성을 쌓았다. 성의 수구水口에 설치된 구름다리에도 빗물로 인해 허물어지고 무너진 곳이 생기니, 이 또한 다시 쌓았다. 또 구름다리 한 곳을 더 만들어 물길을 나누었고, 돌로 쌓은 성 중 낮은 것은 보충해 덧쌓았다. 한양 도성 쌓는 일이 끝나니 인부들을 모두 돌려보냈다.

성문에는 무지개 모양의 석문을 내고 그 위에 누각[月團樓閣]을 지었다. 정북에 있는 문은 숙청문肅淸門이라 했다. 동북에 있는 문은 홍화문弘化門이라 했는데, 동소문東小門이라 불렸다. 정동에 있는 문은 흥인문興仁門이라 했는데, 동대문東大門이라 불렸다. 동남에 있는 문은 광희문光熙門이라 했는데, 수구문水口門이라 불렸다. 정남에 있는 문은 숭례문崇禮門이라 했는데, 남대문南大門이라 불렸다. 소북小北에 있는 문은 소덕문昭德門이라 했는데, 서소문西小門이라 불렸다. 정서에 있는 문은 돈의문敦義門이라 했고, 서북에 있는 문은 창의문彰義門이라 했다.

_ 태조 5년(1396, 병자) 9월 24일

3-7. 고단한 도성 쌓기

환관을 성 쌓는 곳에 보내 명했다.

"최근 추위가 혹독하니 얼어 죽는 자가 생길까 걱정이다. 지금부터 바람 불고 눈 내리는 날에는 일을 시키지 말라."

_ 태조 5년(1396, 병자) 1월 20일

성문 밖 세 곳에서 부역하다 죽은 자의 혼령을 위해 수륙재水陸齋: 물과 육지를 떠도는 귀신과 아귀에게 공양하는 재를 베풀라 명했다. 또한 죽은 이의 집은 3년 동안 부역을 면제해 주었다.

_ 태조 5년(1396, 병자) 2월 27일

일찍이 자은종慈恩宗: 고려 불교의 한 종파 도승통都僧統: 오늘날의 총무원장 종림宗林이 전 판사 윤안정尹安鼎과 함께 판교원板橋院: 경기도 성남에 지은 여행자 숙소을 지었다. 성을 쌓으러 한양에 오가는 백성들이 이곳에 머물렀는데, 병이 있는 사람이 있으면 의원을 불러 진찰해 주었다. 약을 지어 그들을 치료했고, 병이 다 나으면 식량을 주어 돌려보냈다. 우정승 김사형이 이를 듣고 임금께 아뢰니, 쌀과 콩, 소금, 간장을 내리도록 명했다.

_ 태조 5년(1396, 병자) 3월 4일

진원군珍原郡: 전라남도 장성 부근에 사는 도리장都里莊이 자기 아버지가 도성을 쌓다가 병이 났다는 소식을 들었다. 도리장이 통곡하며 말했다.

"내겐 형제도 없으니 마땅히 내가 가서 보살펴 드려야겠다. 그래야 겨우 살아 돌아오실 것이다."

도리장이 남장을 하고는 그날로 길을 떠났다. 가는 길에 혹 병든 사람이 길 옆에 누워 있으면 매번 가서 살펴보았다. 마침내 판교원에 이르러 위독한 아버지를 만났다. 도리장이 마음을 다해 아버지를 보살피고 부축하여 고향으로 돌아왔다. 이에 마을 사람들이 그녀를 효녀라 칭찬했다. 이 일이 조정에 알려져 도리장에게 면포를 하사했다.

_ 태조 5년(1396, 병자) 3월 4일

3-8. 한양 큰 길에 종을 달다

새 종을 만들라

새로 주조한 종鐘이 완성됐다. 이에 감역제조관監役提調官 권중화와 이염李恬에게 각각 비단 두 필씩을 내려 주었다.

_ 태조 5년(1396, 병자) 5월 12일

임금이 큰 길에 나와 새로 만든 종을 보았다. 시험 삼아 종을 너댓 번 치자 종이 깨졌다. 임금이 다시 주조하라 명했다.

_ 태조 5년(1396, 병자) 6월 2일

영삼사사領三司事 권중화를 경기도 광주로 보내 종 만드는 것을 감독하게 했다. 이때 백금 50냥을 함께 넣어 주조하니 마침내 성공했다.

_ 태조 7년(1398, 무인) 2월 11일

임금이 광주에 가서 새로 만들어진 종을 보고 제조 권중화에게 안장 얹은 말을 하사했다. 또 경기도의 군사 1,300명을 동원해 한양 시가의 종루鐘樓로 종을 운반했다.

_ 태조 7년(1398, 무인) 4월 4일

종에 새긴 명문

예문춘추관학사藝文春秋館學士 권근에게 명해 종의 명銘: 쇠나 돌로 만든 물건에 새겨 넣는 글을 짓게 했다. 그 서문은 이러하였다.

"조선이 천명을 받은 지 3년 만에 도읍을 한강 북쪽에 정하고, 그 이듬해 궁궐을 지었다. 또 그해 여름에 큰 종을 주조해 큰 길에 누각을 세워 달았으니, 그 성공을 새겨 이 아름다운 일을 길이 전하고자 한다.

옛날부터 나라를 차지한 자는 그 큰 공과 업적을 반드시 종과 솥에 새겼다. 이는 갱갱, 굉굉 하는 아름다운 소리로 후세 사람들의 눈과 귀를 놀라게 하기 위함이었다. 또 큰 도시에서는 새벽과 황혼 무렵에 큰 종을 쳤다. 이로써 백성들이 일어나고 휴식하는 시간을 엄히 지키게 했으니, 종의 효용은 이처럼 크다.

공경히 생각해 보니, 우리 전하께서는 왕위에 오르시기 전부터 그 덕망이 날로 높아지매, 천명과 인심이 저절로 귀의했다. 이에 여러 어진 사람들이 지혜를 다해 힘써 보좌하니, 하루아침에 고려를 대신해 천하를 다스리게 되셨다. 침식을 잊고 나랏일에 힘쓰시며 법도를 세우고 기강을 바로잡으시니, 이는 자손만대 이어질 태평성대의 기초를 세우고 큰 공을 이룬 것이다. 하여 마땅히 그것을 종에 새겨 후세 사람들에게 보이는 바이다.

『주역』에서 말했다. '천지의 큰 덕[大德]을 생生이라 하고, 성인의 큰 보배[大寶]를 위位라고 한다. 무엇으로 지위를 지킬 것인가? 인仁으로 지킨다.' 성인은 천지가 생명을 내는 마음을 자신의 마음으로 삼고, 이를 널리 베풀어 지위를 보전한다. 이는 하늘과 사람이 비록 다르지만 그 마음은 한 가지로 같기 때문이다.

즉위하실 때 우리 전하께서는 군사들의 칼에 피를 묻히지 않으셨으니, 나라 안팎이 편안하고 조용했다. 또 학정에 시달리던 백성들은 마침내 생업에 종사하며 삶을 즐기는 기쁨을 알게 되었다. 생명을 살리는 덕이 이보다 더할 수 없으니 종에 새기지 않을 수 없도다."

그 명銘은 이러하였다.

원대하신 우리 왕 받으신 천명 넓고 장대하구나.

여기 새 도읍을 세우시니 한수漢水 북쪽이라네.

옛날 개성에 있을 때 나날이 국운 쇠약해지니

우리 왕이 대신하여 덕으로 학정 끝냈네.

전쟁을 치르지 않고 하루아침에 세상 밝아졌으니

어질고 지혜로운 힘을 다해 태평성대 이룩했도다.

가깝고 먼 곳에서 귀의한 이들 이미 번성하니

종을 만들어 새벽과 저녁에 울리게 한다.

나의 공과 나의 업적 여기 파내어 새기니

새 도읍에 편히 거처하며 천만 년에 이르리라.

_ 태조 7년(1398, 무인) 4월 4일

3-9. 신도팔경(新都八景)

좌정승 조준과 우정승 김사형에게 새 도읍 한양의 풍광을 노래한 신도팔경新都八景 병풍을 한 면面씩 내려 주었다. 시는 봉화백奉化伯 정도전이 지은 것이다.

첫째, 경기[畿甸] 산하.

비옥하고 풍요로운 천 리의 경기 땅
안팎의 산과 강이 모두 일백둘이로다
임금의 덕은 높고 산수는 형세를 갖췄으니
천 년의 역사를 기대할 수 있겠구나

둘째, 한양 도성과 임금의 동산.

도성은 천 길 높이 철옹성이라
봉래의 오색 구름 에워쌌구나
해마다 동산에 앵두꽃 가득하니
때마다 도성 사람 즐거이 노니네

셋째, 별처럼 줄지어 늘어선 관청들.

줄지어 선 관청들 우뚝하게 마주보니
북두칠성 에워싼 별들 같구나
달빛 새벽 관청의 거리는 물처럼 고요하니
말방울 소리만 울릴 뿐 티끌 하나 일지 않노라

넷째, 바둑판처럼 늘어선 집들.

기와집은 구름 위로 우뚝 솟았고
여염집은 땅 위에 가득히 이어지네
아침저녁 피어오르는 밥 짓는 연기
한 시대의 번영이 찬란하구나

다섯째, 동문東門의 군사 훈련장.

요란하게 울리는 종과 북, 지축을 흔들고
펄럭이는 깃발들, 하늘을 메웠네
만 마리 말들 한결같이 움직이니
당장 몰아 전장에 나갈 만하네

여섯째, 서강西江의 조운선국가 물품을 운반하는 배들.

사방의 물건이 서강으로 들어오니
용양龍驤 장군의 큰 배가 모여드는구나*
천장까지 쌓인 곡식 썩어 나갈 지경이니
무릇 정치는 풍족함에서 나온다네

일곱째, 남쪽 나루의 행인들.

남쪽 강물 도도하게 흐르는데
사방의 나그네들 줄지어 건너오네
늙은이는 빈 몸으로 젊은이는 짐을 지고

* 진(晉)나라 용양 장군은 큰 배를 만들어 오(吳)나라를 정벌했다. 용양 장군의 함선만큼 큰 배가 모여든다는 뜻.

앞서거니 뒤서거니 노래 주고받는구나

여덟째, 북쪽 들판의 말 목장.

숫돌처럼 평평한 북쪽 들판 바라보니
봄빛 풀은 무성하고 물맛은 달구나
수많은 말들 구름처럼 모여 뛰노니
말 치는 사람 서쪽으로 남쪽으로 쫓아다니네

_ 태조 7년(1398, 무인) 4월 26일

四 • 충성과 의리의 밴드

4-1. 왕자보다 공신을 우대하라

좌시중 배극렴·우시중 조준·문하시랑찬성사門下侍郎贊成事 김사형·정도전·판중추원사 남은 등이 아뢰었다.

"여러 왕자와 군君: 서출의 왕자들은 의복과 수레와 말 그리고 수행하는 노비를 갖추어야 합니다. 그 비용이 부족해서는 안 되니 본래 주었던 과전科田 이외에 전지田地를 더 내려 주십시오."

임금이 조용히 왕위에 오르기 전의 일을 말했다.

"왕자와 군君들은 원래 받은 과전 1백여 결만 가져도 배고프거나 추위에 떨지 않을 것이다. 만약 전지를 더 준다면 사람들은 내가 사사로이 아들들을 편애한다고 할 것이다. 더구나 경기 지방의 토지는 그 수량이 한정돼 있는데 어찌 함부로 더 줄 수 있겠는가? 만약 더 주어야 한다면 공신들에게 먼저 주고, 그 예에 따라 왕자들에게도 주는 것이 옳다. 왕자들에게만 더 주는 것은 옳지 않은 일이다."

남은이 아뢰었다.

"여러 공신들은 과전 외에도 이미 사전賜田: 공신전을 받았습니다. 왕자들에게 더 주는 것이 어찌 불가하겠습니까?"

임금이 남은을 바라보며 말했다.

"내가 공신들에게 사전을 주었으니 아들들에게도 똑같이 그리하란 말인가?"

임금이 잠시 생각한 후 조용히 말했다.

"과거 내가 신하였을 때 나 또한 사전을 받았다. 그런데 그 땅들은 모두 돌이 많고 메말라 쓸 만하지 못했다. 나는 그것을 개의치 않았지만 지금 공신들에게는 반드시 비옥한 땅을 골라 주어야 할 것이다."

_ 태조 1년(1392, 임신) 9월 26일

4-2. 공신을 비방함은 조선을 비방함이라!

죽을 때까지 함께할 공신들

전중경殿中卿 변중량을 순군옥에 가두고 국문하게 했다. 처음에 변중량이 병조정랑兵曹正郎 이회李薈에게 말했다.

"예로부터 한 사람이 정권政權과 병권兵權을 모두 가져서는 안 된다고 했네. 병권은 마땅히 종친에게 있어야 하고 정권은 재상에게 있어야 하지. 그런데 지금 조준·정도전·남은 등이 병권과 정권을 모두 잡고 있으니 참으로 옳지 않은 일이네."

변중량이 의안백 이화에게도 같은 말을 했다. 이화가 임금께 이를 고하니 임금이 변중량을 불러 사실 여부를 물었다. 변중량이 사실대로 말했다.

"박포朴苞도 말하기를 전하께서 국정을 잘못하셔서 최근 여러 별이 심상치 않은 징조를 보인다고 했습니다."

임금이 매우 노하여 말했다.

"그들은 모두 나의 수족과 같은 신하들이다. 죽을 때까지 나와 한마음인 자들인데, 내가 그들을 의심한다면 누구를 믿을 수 있겠는가? 너와 같은 말을 하는 자들에겐 분명 어떤 의도가 있을 것이다."

임금이 즉시 변중량·박포·이회를 국문하게 했는데, 그들은 서로 따지며 자신의 죄만 모면하려 하였다.

_ 태조 3년(1394, 갑술) 11월 4일

공신과 나는 부자지간이라

전 낭장郎將 김영수金永守를 참형에 처했다.

김영수가 서북면 도순무사都巡撫使 최윤지崔允祉를 음해하기 위해 도순문사 안경량安景良에게 익명서를 보냈다.

"최윤지 부자가 분수도 모른 채 역모를 꾀한다."

이에 안경량은 김영수를 잡아 수갑을 채워 한양으로 압송했다. 임금이 김영수를 순군옥에 가두고 국문하게 하고는 최윤지를 불러 이 일을 전했다. 최윤지가 몹시 황공해하며 김영수와 대질할 것을 청하니 임금이 말했다.

"경은 나에게 의리로는 군신이 되고 은혜로는 부자와 같다.

비록 모함하는 자가 있다 한들 내가 어찌 그대를 의심하겠는가?"

이에 즉시 담당관리에게 명해 김영수의 사지를 찢어 각 도에 돌려 보이게 했다.

_ 태조 4년(1395, 을해) 6월 26일

공신을 비방함은 조선을 비방함이라

감찰監察 김부金扶를 죄를 물어 죽이고, 감찰 황보전皇甫琠에게 장형杖刑: 큰 곤장으로 볼기를 침을 집행하고, 주부注簿 이양수李養修에게 태형笞刑: 작은 곤장으로 볼기를 침을 내렸다.

앞서 김부가 황보전과 함께 신임 감찰 김중성金仲誠의 집에서 술을 마셨다. 이들이 조준의 집 앞을 지나가며 말했다.

"큰 집을 지었다만 어찌 오래 거처할 수 있겠는가? 훗날 반드시 다른 사람의 집이 될 것이다."

황보전이 이 말을 듣고 이양수에게 전했고, 이양수가 김분金汾에게 말했다. 김분은 조준의 문하였으므로 이 사실을 조준에게 전했다. 이에 조준이 자신이 들은 것을 임금께 고하니, 임금이 노하여 말했다.

"조준은 개국공신으로 나라와 운명을 같이 한 사람이다. 김부가 조준에게 오래가지 못한다고 한 것은 이 나라 조선이 오래가지 못한다고 한 것과 같다."

이에 김부를 극형에 처하라 명했다.

이때 어떤 사람이 조준에게 김부의 사형을 말려 달라 청했다. 그러나 조준이 머뭇거리는 동안 김부가 처형당했고, 소식을 들은 조준은 임금께 아뢰는 일을 그만두었다. 이 일로 나라 사람들이 조준을 박정하다 여겼다.

황보전과 이양수는 김부의 말을 바로 조정에 고하지 않은 죄로 벌을 받았고, 김부와 함께 술을 마신 18명은 파면당했다.

_ 태조 7년(1398, 무인) 7월 11일

4-3. 조선의 설계자, 정도전

정도전을 만나다

정도전鄭道傳의 자字는 종지宗之이고, 호號는 삼봉三峰이다. 본관은 안동 봉화이며 형부상서刑部尙書 정운경鄭云敬의 아들이다.

정도전은 타고난 자질이 민첩하고 총명했다. 어릴 때부터 학문을 좋아해 많은 책을 두루 섭렵했고 의견이 넓고 깊었다. 또한 항상 후학을 가르치고 이단을 배척하는 것을 자신의 소임으로 삼았다. 곤궁하게 되었을 때에도 편안하고 한가로이 지냈으며, 스스로 문무에 재주가 있다고 자처했다.

일찍이 정도전이 동북면으로 이성계를 찾아갔다. 그곳의 군대를 보니 군령이 엄격하고 군사들의 대오가 잘 정돈돼 있었다. 이에 정도전이 이성계에게 나아가 은밀히 말했다.

"훌륭합니다. 이런 군대라면 무슨 일인들 하지 못하겠습니까?"

이성계가 물었다.

"무슨 뜻인가?"

정도전이 대답했다.

"그저 동남방에 있는 왜구를 물리칠 수 있겠다는 뜻입니다."*

군영 앞에 늙은 소나무가 한 그루 서 있었다. 정도전이 그 소나무에 시를 한 수 남기겠다고 청하더니 나무껍질을 벗겨 글을 썼다.

아득한 세월 속에 한 그루 소나무여
몇 만 겹 둘러싸인 청산에서 자랐노라
좋은 시절 어느 해에 서로 볼 수 있을는지
인간 세상 살다 보면 문득 지난 일이라네

조선의 장자방

창업이 이루어질 즈음 정도전은 왕왕 술에 취해 은밀히 말하곤

* 권문세족들의 박해로 9년간 지방을 떠돌던 정도전은 1383년 동북면으로 이성계를 찾아간다. 이성계를 만난 이후 정도전은 새 세상에 대한 희망을 발견하고, 이성계의 휘하로 들어간다.

하였다.

“한 고조가 장자방張子房: 한나라 유방의 책사을 쓴 것이 아니라네. 장자방이 한 고조를 택해 쓴 것이지.”

정도전은 임금의 창업을 가장 힘써 보좌한 자로 개국의 일에 관여하지 않은 것이 없었다. 마침내 대업이 이루어지나 진실로 그의 공이 가장 높았다.

그러나 도량이 좁고 시기심과 겁이 많아 자기보다 나은 사람을 보면 반드시 해쳐서 묵은 감정을 보복했다. 임금께도 매번 사람을 죽여 위엄을 세우라 권했으나, 임금이 모두 듣지 않았다. 또한 『고려국사』高麗國史를 지었는데, 공민왕 이후의 기록을 새로 첨가하거나 삭제해 사실과 다른 것이 많았다. 이에 식견 있는 사람들은 모두 이를 옳지 못하다 여겼다.

새 나라의 설계자

임금이 왕위에 오르니, 정도전의 공훈을 일등으로 책정하고 문하시랑찬성사 겸 판상서사사判尙瑞司事로 삼았다. 또 계품사計稟使: 긴급한 현안을 처리하기 위해 명에 파견된 사신가 되어 명나라에 다녀왔으며, 돌아와서는 판삼사사 겸 판삼군부사判三軍府事로 승진됐다. 삼도도통사가 되어서는 『진도』陣圖: 전쟁시 진을 치는 법, 『수수도』蒐

狩圖: 사냥법을 그림으로 그린 책, 『경국전』經國典, 『경제문감』經濟文鑑을 지었다. 또 「몽금척」夢金尺, 「수보록」受寶籙, 「문덕」文德, 「납씨」納氏, 「정동방」靖東方 등의 여러 악가樂歌를 지었고, 정총鄭摠 등과 함께 『고려국사』도 편찬했다.

정도전은 봉화백奉化伯에 봉해졌으며, 관직의 품계는 특별히 숭록대부崇祿大夫에 올랐다. 병자년태조 5년(1396) 동지공거同知貢擧: 과거를 관장하는 관리가 되어서는 과거시험 초장1차 시험에 처음으로 강경講經: 경전을 구술하는 시험을 도입했다. 정축년태조 6년(1397)에는 동북면을 정비해 각 주州와 군郡의 이름을 정하고, 공주성함경북도 경원, 북한명 새별군을 축성하여, 무인년태조 7년(1398) 봄, 동북면에서 돌아오니 임금이 그 공을 두터이 치하하고 후하게 대우했다.

_ 태조 7년(1398, 무인) 8월 26일

4-4. 벗 정도전에게 보낸 편지

송헌거사가 보내오

임금이 좌승지 이문화李文和에게 말했다.

"내가 들으니 고려의 충숙왕도 스스로를 거사居士라고 부르며 예천군醴川君 권한공權漢功에게 편지를 보냈다고 한다. 나도 스스로 거사라 부르며 봉화백정도전에게 편지를 쓰고자 한다. 호를 무엇으로 하는 것이 좋겠는가?"

이문화가 대답했다.

"왕위에 오르시기 전에 계시던 댁의 이름, 송헌松軒이 어떻습니까?"

임금이 "좋다" 하고, 호를 송헌거사라 정했다.

_ 태조 7년(1398, 무인) 2월 4일

중추원부사 신극공辛克恭을 동북면에 보내 도선무순찰사都宣撫巡察使 정도전에게 편지와 옷, 그리고 술을 내려 주었다. 그 편지는 이러하였다.

서로 작별한 지가 여러 날이 되니 생각하는 마음이 더욱 깊고 간절하오. 신 중추신극공를 보내 국경의 여러 사정을 물으려 했는데, 마침 최긍崔兢이 와서 보고하므로 그곳의 사정을 두루 알게 되었소. 조금 위로가 되고 마음이 풀리오. 지금 저고리 한 벌을 보내는 것은 바람과 이슬을 막으라는 뜻이니 받아 주면 다행이겠소. 이 참찬과 이 절제사에게도 저고리 한 벌씩을 보내니 간절히 생각하고 그리워한다고 전해 주시오. 나머지는 신 중추에게 말로 전하오. 봄추위가 매서우니 자연의 순리에 따라 몸을 살피며 변방의 일을 마치길 바라오. 격식을 갖추지 못하였소. 송헌거사가 보내오.

_ 태조 7년(1398, 무인) 2월 5일

정도전이 답합니다

정도전이 임금께 감사의 글을 올렸다.

전하께서 편지를 보내 주시니, 깊이 아껴 주시는 진심에 몸 둘 바를 모르겠습니다. 궁중에서 내려 주신 옷은 신의 몸에 꼭 맞았습니다. 궁중의 술도 두 동이나 내려 주시니, 감사한 마음과 송구한 마음이 교차되어 눈물이 흘러 말을 잇지 못하겠습니다.

가만히 생각하오니, 신은 성품이 어리석고 학문이 거칠어서 꿈적하기만 해도 비난하는 말이 어지러이 일어났습니다. 급기야 거의 목숨을 보전하기 어려운 지경에 이르렀는데*, 성상의 은혜를 입어 요행히 이 하찮은 목숨을 보존하고 있습니다. 신은 전하께서 잠저에 계실 때부터 개국하는 날까지 충성을 다 바치고자 하였습니다. 그러나 지혜가 부족하고 재주가 변변치 못해 전하께 실오라기만큼도 도움이 되지 못했으니, 그저 부끄러울 따름입니다.

이번에 친히 명령을 받들어 선대 임금**의 능을 참배하고 돌아왔습니다. 성읍의 터는 쓸 만했지만 백성들의 생업은 곤궁했습니다. 이에 장정들을 동원해 밤낮으로 성읍을 보수했는데, 하루 만에 일을 마쳤다[不日成之]고는 할 수 없으나, 다

* 명 황제는 표전문에 방자한 글이 있다 하여 정도전을 명으로 압송하라 요구했다. 이에 태조는 정도전을 동북면 도선무순찰사로 삼아 동북면으로 피신시켰다.
** 조선은 창업 이후 태조의 4대조를 왕으로 추존한다. 목조·익조·도조·환조.

행히 열흘 남짓 만에는 마무리할 수 있었습니다. 이는 모두 전하의 효심이 지극하고, 다스림이 지혜로웠기 때문입니다. 생각건대 신에게 무슨 공이 있어서 이러한 일을 이루었겠습니까? 이것은 전하께서 정성으로 아랫사람을 인도하셨기 때문입니다. 신이 삼가 헤아려서 전하의 은혜를 이 지방에 널리 베풀겠습니다. 자나 깨나 전하의 만수무강을 기원할 뿐입니다.

_ 태조 7년(1398, 무인) 2월 29일

4-5. 군권을 모두 맡긴 조준*

조준을 부르다

조준趙浚의 자는 명중明仲이고, 호는 우재吁齋이며, 평양부 사람이다. 증조부 조인규趙仁規는 고려에 공이 있어 벼슬이 문하시중에 이르렀고, 아버지 조덕유趙德裕는 판도판서版圖判書: 호조판서를 지냈다. 조준은 대대로 명망이 높은 가문에 태어났으나 조금도 곱게 자란 티를 내지 않았다. 또 어려서부터 집안을 효로 다스리고 나라를 충으로 이끌 큰 뜻을 품었다.

무진년우왕 14년(1388) 여름, 위화도에서 회군한 태조가 묵은 폐

* 조준은 정도전·남은과 함께 조선 창업에 가장 큰 공을 세웠던 인물이다. 그의 인물됨과 창업에 관한 일을 조망하기 위해 부득이 『태종실록』에 있는 '조준 졸기(卒記)'를 소개한다.

단을 혁파하고 새로운 정치를 펴고자 했다. 이때, 조준의 덕망이 두텁다는 말을 듣고서 직접 그를 불러 의견을 들었는데, 태조가 크게 기뻐하며 그를 지밀직사사知密直司事 겸 대사헌으로 발탁했다. 이후 크고 작은 일들을 모두 조준과 의논했다. 조준 또한 태조에게 크게 감동하여 생각한 것을 남김없이 아뢰었다. 나라의 제도와 기강을 바로잡은 일, 이로운 제도를 행하고 해로운 제도를 혁파한 일, 재난에 빠진 백성들을 구해 즐겁게 한 일 등에 모두 조준의 공이 많았다.

또 조준은 사전私田을 혁파해 민생을 돌볼 것을 청했다. 이에 여러 권문세족들이 몹시 원망하고 비방했으나 뜻을 굽히지 않고 힘써 주장했다. 태조의 뜻 또한 조준과 같았으므로 여러 반대를 물리치고 사전 혁파를 단행했다.

군권을 모두 맡기다

임신년태조 1년(1392) 7월, 조준이 여러 재상들과 함께 태조를 왕으로 추대하였다. 즉위하던 날에 태조가 조준을 침실로 불러 말하였다.

"한나라 문제는 황제에 즉위하던 날에 송창宋昌에게 여러 군대를 통솔하게 했다. 경은 그것이 무엇을 뜻하는지 아는가?"*

태조는 조준에게 도통사都統使: 군대통솔자의 은도장과 화려하게 조각된 붉은 활을 하사하며 말했다.

"전국 5도의 군대를 모두 경에게 맡기니 그들을 통솔하도록 하라."

갑술년(1394)에 또 5도도통사로 임명되어, 군대를 거느리게 되었다. 태조는 도성 사대문의 열쇠를 주며 조준의 집에 보관하게 하였고, 도성 문을 열고 닫는 것을 모두 주관하게 하였다.

또 태조는 일찍이 두 번이나 화공에게 조준의 초상화를 그리게 하고, 정도전에게 그 찬讚: 서화 옆에 쓰는 글을 짓게 했다.

이방석의 세자 책봉을 반대하다

무안군撫安君 이방번李芳蕃은 강비康妃: 신덕왕후에게서 출생했는데 태조가 특별히 사랑했다. 이에 강비가 개국에 공이 있다고 하며 이방번을 세자로 세우고자 했다. 조준, 배극렴, 정도전, 남은 등

* 한나라의 재상 주발(周勃) 등은 여태후(呂太后)를 폐위시키고 문제(文帝)를 한나라의 황제로 세웠다. 황제가 된 문제는 비밀리에 송창에게 군대를 통솔하게 해 공신들의 권력을 제압하게 했다.

을 불러 이를 의논하게 하니, 배극렴이 말했다.

"적장자를 세우는 것이야말로 예로부터 내려오는 합당한 의리입니다."

태조가 탐탁치 않으매, 조준의 의견을 묻자 이렇게 답했다.

"세상이 태평하면 적장자를 우선으로 하고, 세상이 어지러우면 공이 있는 아들을 우선으로 합니다. 부디 세 번 생각해 결정하십시오."

강비가 이 말을 엿듣고는 밖까지 들리도록 큰 소리로 울었다. 이에 태조가 조준에게 붓과 종이를 주며 이방번의 이름을 쓰게 했으나 조준은 땅에 엎드려 끝내 쓰지 않았다. 마침내 태조가 이방번 대신 나이 어린 막내 이방석李芳碩을 세자로 삼으니, 조준이 감히 다시 말하지 못했다.

강직한 정승, 조준

조준은 8년 동안 정승으로 있었다. 개국 초, 정사가 매우 번거롭고 사무가 바빴는데, 우정승 김사형은 성품이 순후하고 조심스러워 모든 일을 조준에게 맡겼다. 조준은 강직하고 명석했으며 사사로운 이익을 따르지 않았다. 또한 일을 실행하는 데 과감했고, 결정한 일은 의심하지 않고 추진했다. 또 임금의 명령이라 할지라도 옳지 못한 것이 있으면 아래로 전달하지 않았다. 이에 동료들이 감히 아무 말도 하지 못했는데, 그의 체통이 엄하고 기세가 강직했기 때문이다. 한편 임금의 사랑을 독점하며 오랫동안 권세를 잡았으므로 원망하는 사람도 많았다. 하여 정승을 그만두고는 문을 닫고 들어 앉아 손님을 만나지 않았고, 정치를 논하지 않았다.

조준은 역사에 정통했고, 시와 글은 그 사람됨처럼 호탕했다. 문집이 몇 권 있고 국조헌장조례國朝憲章條例를 수정·보완하여 『경제육전』經濟六典을 만들었다.

_ 태종 5년(1405, 을유) 6월 27일

4-6. 보좌관 남은

전장을 함께 누비다

남은南誾은 본관이 진주 의령이고 검교시중檢校侍中 남을번南乙蕃의 아들이다. 공민왕 23년(1374)에 성균시에 합격했고, 신우 6년(1380)에 사직단직社稷壇直에 임명됐다.

을축년우왕 11년(1385)에 왜구가 삼척군을 침략했다. 삼척은 성이 작고 위태로워 수비하기가 매우 어려웠는데, 남은이 자원해 출병하였다. 남은이 막 삼척군에 도착했을 때 왜적이 들이닥쳤다. 이때 남은이 기병 10명을 거느리고 성문 밖으로 달려가 기습적으로 공격하니, 왜적이 모두 놀라 달아났다. 이 공으로 남은은 사복정司僕正이 되어 다시 개경으로 돌아왔다.

무진년우왕 14년(1388), 남은이 이성계를 따라 위화도에 갔다가 조인옥 등과 함께 회군을 건의했다. 비밀리에 이성계의 추대를 모의했으나 이성계가 엄하여 감히 말하지 못했다. 경오년공양왕 2년(1390), 공양왕이 대신들의 참소를 믿고 이성계와 측근을 의심하고 시기했다. 일이 예측할 수 없게 돌아가니 이방원이 남은을 불러 은밀히 추대를 논의했다.

임금이 왕위에 오른 후 남은은 판중추원사에 임명됐고, 분의좌명개국공신奮義佐命開國功臣의 칭호를 받았다. 여러 번 자리를 옮겨 참찬문하부사 겸 판상서사사우군절도사判尙瑞司事右軍節度使가 되었고, 정축년태조 6년(1397)에 의성군宜城君에 봉해졌다.

남은은 천성이 호방하고 씩씩했다. 어릴 때부터 기이한 계책을 좋아했고, 형식에 얽매이지 않았다. 개국할 때에 상등의 공신이 되었지만, 배운 것이 없고 식견이 우매해 강비康妃가 이방석을 세자로 삼는 것을 도왔다. 정도전 등과 함께 국권을 차지하고 종친을 제거하려다 마침내 화1차 왕자의 난를 당했으니, 그의 나이 45세였다.

_ 태조 7년(1398, 무인) 8월 26일

그대의 간언은 듣겠노라

임금이 의성군 남은에게 말했다.

"충성된 말은 귀에는 거슬리나 행실은 바르게 이끈다. 경들은 거리낌 없이 바른 말을 올리라."

또 도승지 이문화에게 말했다.

"귀에 거슬리는 말은 대부분 대간臺諫: 사헌부와 사간원 관리에게서 나온다. 내 성격이 자못 급해서 간언하는 말을 너그럽게 용납하지 못하곤 한다. 그대들이 내 곁에 있으면서 과감하게 말하되 두려워하지 말도록 하라."

남은이 말했다.

"전하께서 왕이 되시기 전에 군대를 거느리지 않았다면 어찌 오늘이 있었겠습니까? 신과 같은 자들은 목숨조차 보전하지 못했을 것입니다. 개국 초에는 여러 공신들이 군사를 거느리는 것이 옳습니다. 하지만 이미 즉위하신 지 오래되었으니 여러 절제사節制使: 사병을 거느리고 지방을 통치하던 무장들를 혁파하고 관군을 만들어야 합니다."

임금이 말했다.

"누가 남은을 실없는 자라 했는가? 이 말은 진실로 나라를 다스리는 시작과 끝으로, 반드시 경계해야 하는 일이다."

_ 태조 7년(1398년, 무인) 3월 20일

노한 임금을 달래다

대사헌 민여익閔汝翼이 지중추원사 조견趙狷과 한성윤漢城尹 신효창申孝昌을 탄핵했다.

조견이 합포合浦: 현 경상남도 창원시의 절제사로 있을 때 왜구를 막아내지 못했는데, 당시 대사헌이었던 신효창이 그를 탄핵하지 않았다. 이에 민여익이 조견의 형 조준에게 은밀히 말했다.

"전하께서 사헌부에 조견을 탄핵하라고 하신 지 오래되었습니다."

임금이 이 말을 전해 듣고 노하여 민여익에게 말했다.

"그대가 대사헌이 되어 죄가 있는 자를 탄핵하면 그만이지, 어찌 내 말을 핑계 삼는가? 무엇보다 조견은 공신이다. 경솔히 탄핵하는 것은 불가하다."

임금이 민여익을 옥에 가두려 하니 의성군 남은이 아뢰었다.

"조견과 민여익은 모두 공신입니다. 누구는 용서하고 누구는 벌주는 것이 옳겠습니까?"

이에 임금이 민여익을 집으로 돌려보내고 사헌부에 나오지 말라고 명했다.

_ 태조 6년(1397, 정축) 1월 6일

4-7. 신분을 넘어 공신에 책봉하다

휘하의 모든 이들을 공신으로

도평의사사에 교지를 내렸다.

"전前 문하평리門下評理 유만수柳蔓殊·참찬문하부사 최영지崔永沚·상의중추원사商議中樞院事 황희석·상의중추원사 이인수李仁壽 등 26명은 내가 장수였던 시절부터 오랫동안 내 휘하에 있었다. 적군을 방어하는 데 힘쓰며 험하고 어려운 일을 마다하지 않았으니 그 공로가 매우 크다. 또 정몽주 등이 대간들을 부추겨 환란을 일으켰을 때 그 화가 내 몸에 이를 뻔 했었다. 그때 이들이 상소문을 올려 정몽주에게 죄주기를 청했으니, 그 공과 충성심이 가히 칭찬할 만하다. 마땅히 그들 모두에게 '원종공신'原從功臣*이란 칭호를 내려야 할 것이다.

당시 동지중추원사同知中樞院事 박영충朴永忠은 한양윤漢陽尹으로 나가 있었고, 상장군 윤방경尹方慶은 어머니 상을 당했었다. 이 때문에 함께 상소문을 올리지는 못했으나, 일이 있어 동참하지 못했다 하여 옛 공로를 잊을 수는 없다. 이들에게도 위의 사람들과 같은 원종공신의 칭호를 내려라. 포상하는 일은 관원들이 잘 상의해 실행하라."

_ 태조 1년(1392, 임신) 10월 9일

요리사 이인수

문하부낭사門下府郎舍 등이 글을 올렸다.

"상의중추원사 이인수는 본래 요리를 담당하던 자입니다. 본래 재주와 덕망이 없는 자인데 외람되이 중추원왕명의 출납을 관장하는 관청의 재상이 되었습니다. 새로운 정치를 시작하는 이때에 사림士林들의 실망이 매우 큽니다. 원컨대 관직에서 파면시키고 등용하지 마십시오."

임금이 문하부낭사의 수장인 유두명柳斗明을 불러 물었다.

* 태조는 모두 세 종류의 공신을 책봉한다. 개국에 공이 있는 이들을 '개국공신'에 봉했고, 왕위에 오르기 전부터 함께 했던 전우와 가신들은 '원종공신'에 봉했다. 또 위화도 회군을 함께한 이들을 '회군공신'에 책정했다.

"누가 이 문제를 처음 제기했는가?"

유두명이 대답했다.

"신이 수장이므로 먼저 시작했습니다."

"나 또한 이인수가 부족한 것을 알고 있다. 그러나 그에게 병권과 정권을 주지 않았고, 다만 대궐 안에서 쓸 음식만 관장하게 할 뿐이다. 지금 그가 온천에 따라와 일하고 있으니 다시 청하지 말라."

_ 태조 1년(1392, 임신) 8월 19일

환속한 중, 황희석**

교지를 내렸다.

"상의중추원사 황희석은 내가 왕위에 오르기 전부터 항상 휘하에 있으면서 나를 지킨 공로가 있다. 정몽주 등이 대간들을 몰래 꾀어 충신들을 모함해 해치려 했을 때, 나는 말에서 떨어져 일어나지 못했었다. 간사한 무리들의 화가 목전에 이르렀을 때, 황희석이 병졸을 이끌고 나를 호위해 그를 막아냈다. 그 공이 진

** 『태종실록』 13년 3월 5일 기사에는 '황희석은 환속한 중이니 그 근원을 알 수 없는 자'라는 말이 인용된다.

실로 크다고 할 것이다. 황희석은 여러 공신들이 나를 추대할 때에 마침 아버지 상을 당해 함께하지 못했다. 그러나 과거 그가 나를 호위하지 않았다면 어찌 오늘날의 내가 있었겠는가? 지금 그에게 원종공신의 칭호만 내리는 것은 그 공로에 비해 크게 부족하다. 개국이등공신의 칭호를 내릴 것이다."

_ 태조 1년(1392, 임신) 11월 19일

군졸 출신, 조기

지중추원사 은천군銀川君 조기趙琦가 죽었다.

조기는 최영의 휘하에서 군졸로 시작해 판도판서가 됐다. 그는 성질이 거칠고 사나웠으나 가는 곳마다 자신의 책임을 다했다. 이에 최영이 몰락한 이후 임금이 거두어 군무를 맡아 보게 했다. 임금 즉위 이후에는 개국공신의 자리에 올랐고 친군위상진무親軍衛上鎭撫로 궁궐의 군령을 책임졌다. 이때 군사들이 모두 그를 두려워하고 복종했다. 그러나 조기는 글자를 모르고 일의 대체에 어두웠다. 또한 기쁨과 노여움을 절제하지 못해 종종 관리들을 욕보였으므로 사람들의 비난을 받았다.

조기가 죽으니 임금이 매우 슬퍼하며 조회를 정지했다. 또 문하시랑찬성사門下侍郎贊成事로 증직하고 충위忠魏라는 시호諡號: 왕이나 사대부들이 죽은 뒤에 그 공덕을 찬양해 부르는 호를 내렸다. 상의중추원사 이천우李天祐를 보내어 관 앞에 제사 지내게 하고, 담당 관리에게 예를 갖춰 장사지내게 했다.

_ 태조 4년(1395, 갑술) 2월 17일

문맹이었던 최영지

임금이 중추원부사 최유경을 시켜 서북면 도순무찰리사 최영지에게 술과 교지를 내려 위로했다. 최영지는 글자를 알지는 못했으나, 성품이 부지런하고 조심성이 있어 임금이 크게 신임했다.

_ 태조 7년(1398, 무인) 1월 7일

4-8. 시호를 바꿔 주다

판한성부사判漢城府事 정희계가 죽었다. 정희계는 계림현 경상북도 경주 사람으로 문하평리門下評理 정휘鄭暉의 아들이다. 처음 고려 조정에 벼슬했을 때 공민왕이 그의 용모를 보고 가까이서 시중들게 했다. 여러 번 벼슬이 올라서 대호군大護軍이 됐고, 공민왕이 훙薨한 뒤에 최영의 장수가 됐다. 최영이 패했을 때에는 임금의 친척이라 하여 죄를 주는 대신 벼슬을 내렸다. 후에는 임금의 즉위에 참여해 좌명개국공신이 됐다. 그러나 배우지 못해 자신의 행동을 단속하지 못했고 남들에게 업신여김을 받았다. 등창이 나서 죽으니 임금이 조회를 정지하고 예에 따라 장사지내게 했다.

_ 태조 5년(1396, 병자) 7월 12일

봉상시奉常寺: 종묘·제향 등의 일을 관장하는 관청에서 정희계의 시호를 안양安煬, 안황安荒, 안혹安惑으로 정해서* 예조에 보고했다. 예조에서 이를 다시 문하부에 보고하고, 문하부에서 문서로 작성해 임금께 결재를 청했다.

_ 태조 5년(1396, 병자) 8월 28일

임금이 시호를 정한 봉상박사奉常博士 최견崔蠲을 불러 물었다.

"정희계는 나라에 큰 공이 있는 사람인데 시호를 어찌 이처럼 심하게 정했는가? 어째서 그 허물만 논하고 공은 말하지 않는 것인가?"

즉시 최견을 순군옥에 내려 국문하게 하고, 봉상소경奉常少卿 안성安省과 봉상시승奉常寺丞 김분金汾 등을 잡아들였다. 또 봉상시가 시호를 잘못 내리는데도 말리지 않은 예조의 관리들을 탄핵했다.

_ 태조 5년(1396, 병자) 8월 29일

형조에서 법률에 의거해 최견에게 교수형을, 안성과 김분 등에게 장杖 1백에 도徒: 노역에 종사하는 형벌 3년을 정했다. 좌정승 조준

* 안양(安煬), 안황(安荒), 안혹(安惑)은 각각 '불지르다', '허황하다', '미혹되다'는 뜻으로 악한 일을 행한 사람에게 붙이는 시호이다.

이 이를 듣고 불쌍히 여겨 말했다.

"최견의 죄가 어찌 죽을 만큼 크겠는가?"

조준은 판삼사사 설장수偰長壽 등과 함께 법률을 검토하여 법조문을 들고 임금을 직접 찾아 뵙고 아뢰었다. 임금이 조준 등의 의견을 듣고 형을 낮춰 최견에게 장 1백 대를 내리고 김해로 귀양 보냈다. 나머지 사람들 또한 차등 있게 매를 쳐 유배 보냈다. 탄핵받은 관리들은 모두 파직시켰고, 정희계의 시호는 다시 양경良景: 성품이 부드럽고 행실이 바르다으로 하였다.

_ 태조 5년(1396, 병자) 9월 5일

4-9. 공신들, 틈이 벌어지다

요동 정벌, 개국공신 사이에 틈이 벌어지다

일찍이 판의흥삼군부사判義興三軍府事 정도전이 『오진도』五陣圖: 진도(陣圖)는 전쟁 중의 군사 배치도와 『수수도』蒐狩圖: 수수(蒐狩)는 임금이 사냥에 나서는 일를 만들어 바쳤다. 임금이 좋은 법이라 여겨 교육관을 두고 병사들에게 진도를 가르치게 했다. 절제사·군관·무반·성중애마成衆愛馬: 궁궐의 숙위와 근시의 일을 맡은 관원의 총칭에게도 모두 진도를 익히게 했고, 진도에 통달한 자를 각 도에 보내 이를 가르치게 했다.

이때 정도전·남은·심효생 등이 국경을 넘어 요동을 공격하려는 계획을 세웠다. 이에 임금께 의논을 드리니, 임금이 넌지시 좌정승 조준의 집에 알렸다. 당시 조준은 병을 앓고 있었는데, 소식을 듣고 즉시 가마를 타고 궐에 나아갔다. 조준이 강력히 요동 정벌에 반대하며 말했다.

"우리 나라는 예로부터 사대事大의 예를 잃지 않았습니다. 무엇보다 새로 세운 나라가 백성들을 전쟁에 동원하는 것은 옳지 못합니다. 이해득실로 따져 보더라도 그렇습니다. 지금 명나라는 위세가 당당해 도모할 만한 틈이 없습니다. 거사를 일으키더라도 성공하지 못할 것입니다. 오히려 뜻밖의 변고로 이어질까 두려울 뿐입니다."

임금이 조준의 말을 듣고 자신의 뜻과 같아 기뻐했다.

이 소식을 들은 남은이 벌컥 성을 내며 말했다.

"두 정승조준과 김사형께서는 곡식이 몇 말, 몇 되인지를 따지는 작은 일이나 하실 수 있겠구나. 큰일을 함께 도모할 수는 없겠다."

이 일로 남은의 무리와 조준 사이에 틈이 생겼다.

_ 태조 6년(1397, 정축) 6월 14일

정도전, 군사 개혁을 강행하다

또 『진도』를 연습했다. 앞서 황제가 표문表文: 중국 황제에게 올리는 외교문서에 우롱하는 뜻이 담겼다고 힐책하며, 그 글이 정도전과 관련이 있다고 하였다. 이에 정도전을 명明으로 보내라는 칙지를 내렸으나 병이 있다는 핑계로 가지 않았다. 정도전이 장차 그 죄를 물을까 두려워 임금께 군사를 훈련시키자고 주장했다.

이에 『진도』를 편찬해 올렸고 여러 도의 절제사와 군사들에게 서둘러 익히게 했다. 이에 군사들을 채찍질하고 매질하니, 원망하는 사람이 많았다.

_ 태조 7년(1398, 무인) 윤5월 29일

五. 태조의 아들들

5-1. 7인 7색, 태조의 아들들*

왕자들을 군으로 봉하다

왕자들을 군君으로 봉했다. 이방우李芳雨는 진안군鎭安君, 이방과李芳果, 정종는 영안군永安君, 이방의李芳毅는 익안군益安君, 이방간李芳幹은 회안군懷安君, 이방원李芳遠은 정안군靖安君, 서자庶子 이방번李芳蕃은 무안군撫安君이라 했다. 부마 이제李濟는 흥안군興安君, 임금의 서형庶兄 이원계李元桂의 아들 이양우李良祐는 영안군寧安君이라 했다.

_ 태조 1년(1392, 임신) 8월 7일

* 이 장에서는 전체적 조망을 위해 『정종실록』, 『태종실록』, 『정조실록』의 기사를 소개했다. 또한 각 실록에서는 당대의 왕을 임금, 또는 '상'(上)으로 나타내지만 여기서는 이해를 돕기 위해 태조, 정종, 태종 등 각자의 묘호(廟號)로 표기했다.

은둔한 맏아들 이방우

진안군 이방우는 임금의 맏아들이다. 술을 좋아해 날마다 과음을 일삼더니 소주를 마시고 병이 나서 죽었다. 사흘 동안 조회를 정지하고 경효敬孝라는 시호를 내렸다. 아들은 이복근李福根이다.

_ 태조 2년(1393, 계유) 12월 13일

진안대군의 묘를 고쳐 짓고 어제비御製碑를 세웠다. 그 서序는 이러하였다.**

"대군의 휘는 이방우이고, 태조대왕의 장남이며, 신의왕후神懿王后 한씨韓氏의 소생이다. 어려서 태조를 따를 때에는 효자라 이름 높았고 형제지간에 우애가 돈독했다. 조금 자라서는 시서詩書를 익혔고, 검소함을 실천해 부귀와 영화에 뜻을 두지 않았다. 성장해서는 고려조에 벼슬해 그 직책이 예의판서禮儀判書에 이르렀다.

** 진안대군의 사망 후 그에 대한 기록은 실록에서 자취를 감춘다. 그러다 400년이 지나 『정조실록』 13년 2월 16일 기사에 등장한다. 병자호란 뒤 유실되어 소재가 불분명했던 진안대군의 봉분과 묘비가 장맛비에 드러나 발견되면서, 정조가 진안대군의 묘를 새로 고쳐 짓고 어제비를 내리는 내용이다. 정조는 이 비문에서 진안대군을 '우리 집안의 오태백(吳泰伯)이시다'라고 평하며 왕위를 사양하고 은둔한 뜻을 높게 평가한다.

무진년우왕 14년(1388), 태조께서 위화도에서 회군하시자 대군은 가족을 이끌고 철원에 들어가 은둔할 뜻을 가졌다. 임신년(1392) 가을, 태조께서 즉위하시자 대군이 마음속으로 생각했다. '정종이방과과 태종이방원에게 모두 임금의 덕이 있다. 천명과 인심이 모두 그들을 따르니 마치 주周나라 문왕의 일과 같구나.'* 이에 진안군 이방우는 스스로 어리석다 자처하며 국가 일에 간여하지 않았고, 고향인 함흥으로 물러가 살았다. 태조께서도 그 뜻을 헤아리시고 약간의 전답과 집을 내려 늙도록 그곳에 살게 하셨다. 이는 그 뜻을 꺾지 않고 조용히 흔적을 지우고자 하심이었다.

대군의 부인은 찬성사 지윤池奫의 따님이다. 아들은 이복근李福根 하나인데, 정종 때 정난정사공신靖難定社功臣이 되었고, 봉녕후奉寧侯에 봉해졌다. 시호는 안간安簡이며, 지금까지 그 후손이 약간 남아 있다고 한다.

_정조 13년(1789, 기유) 2월 16일

* 주나라 고공단보(古公亶父)에게는 아들 셋이 있었는데 태백(泰伯), 중옹(仲雍), 계력(季歷)이 그들이다. 태백과 중옹은 아버지가 막내인 계력에게 왕위를 물려주려는 뜻을 알고 오랑캐의 땅에 은둔한다. 이에 계력이 왕위에 오르고, 그 아들 문왕에게 왕위를 물려준다.

조선 2대 왕, 둘째 이방과

공정왕恭靖王**의 휘는 이방과인데 즉위 후 이름을 이경李曔으로 고쳤다. 태조의 둘째 아들로 어머니는 신의왕후 한씨이다. 타고난 자질이 온화하고 인자했으며 항상 다른 이에게 공손했다. 용맹과 지략도 남달리 뛰어났다. 고려에서 벼슬해 장수가 되었고, 재상의 자리에 올랐으며, 태조를 따라 출정하여 공을 세웠다.

무인년(1398) 8월왕자의 난, 태조가 편찮으시어 왕세자에 책봉됐고 그해 9월에 왕위를 선위禪位: 왕이 죽기 전에 왕위를 물려주는 일받았다. 정사를 맡으매 관대하고 어진 정치를 숭상하였다. 경진년정종 2년(1400) 2월, 동복아우인 정안군 이방원을 왕세자로 책봉했는데, 이는 왕위를 이을 적자가 없었기 때문이다. 같은 해 겨울에 병이 있어 세자정안군 이방원에게 왕위를 물려주니, 인문공예상왕仁文恭睿上王이라는 호를 올렸다. 재위 기간은 3년이었으나 한가로이 봉양받으며 지낸 것은 20년이었다. 수壽는 63세였다.

_정종실록 총서

** 임금이 죽으면 종묘에 그 신위를 모시는 데, 이때 임금의 시호인 묘호를 올린다. 그러나 정종은 사후 바로 묘호를 받지 못하고 오랫동안 중국에서 내린 시호인 '공정왕'으로 불린다. 그가 정종이라는 묘호를 받은 것은 죽은 지 160여 년 후인 숙종 7년(1681)의 일이다.

두문불출, 셋째 이방의

이방의는 태조의 셋째 아들이요, 태종 임금의 동복형이다. 개국과 정사定社: 1차 왕자의 난의 일에 공이 있어 대군大君에 책봉됐다. 익안대군은 성질이 온후하고 사치한 것을 좋아하지 않았다. 또 손님과 술자리를 갖고 취했을 때에도 정치에 관한 일은 말하지 않았다. 만년에는 병으로 두문불출했는데, 태종이 여러 번 그 집에 거둥해 연회를 베풀며 위로했다. 익안대군이 죽으니 태종이 매우 슬퍼하며 직접 찾아가 술을 올리고 절을 했다. 또한 3일간 조회를 정지하고 상등上等의 예로 장례를 치르게 하였다. 시호는 안양安襄이라 했으며 아들은 익평부원군益平府院君 이석근李石根이다. 딸은 총제摠制 김한金閑에게 시집갔다.

_태종 4년(1404, 갑신) 9월 26일

왕위를 노린 넷째 이방간

익안군 이방의, 회안군 이방간, 정안군 이방원은 모두 지금 임금정종의 동복아우이다. 정종에게는 적자가 없었으므로 동복아우로 세자를 삼으려 했다. 익안군 이방의는 성품이 순후하고 조심스러워 정사에 관심이 없었다. 회안군 이방간은 차례로 보아 자신이 세자가 되어야 한다고 말했으나, 배우지 못해 성품이 거칠고 어리석었다. 정안군 이방원은 영특하고 슬기로웠으며 성품이 어른스럽고 경서에 능했다. 또한 개국과 정사定社: 1차 왕자의 난의 일에 공이 컸으므로 나라 사람들이 모두 진심으로 존경하고 따랐다. 이방간은 이를 못마땅하게 여겨 처조카인 판교서감사判校書監事 이내李來에게 말했다.

"정안군 이방원이 나를 시기하고 있다. 내가 어찌 평범한 사내처럼 남의 손에 개죽음을 당하겠는가!"

회안군 이방간이 상장군 오용권吳用權을 시켜 정종께 아뢰었다.

"정안군 이방원이 저를 해치려고 합니다. 하여 부득이 군사를 일으킬 테니2차 왕자의 난 전하께서는 놀라지 마십시오."

정종이 크게 노하여 도승지 이문화를 시켜 이방간을 타이르며 말했다.

"네가 잡스러운 말에 미혹되어 형제를 해치려고 하니 그 패악함이 매우 심하다. 지금이라도 군사를 버리고 홀로 대궐로 들어온다면 내가 너를 지켜 줄 것이다."

그러나 이문화가 도착하기도 전에 이방간은 주변 사람들의 부추김을 받아 수백 명의 군사를 거느리고 난을 일으켰다.

_정종 2년(1400, 경진) 1월 28일

재주 있고 대범한 잠룡, 다섯째 이방원

강비가 탐낸 아들

왕위에 오르기 전, 유학을 존중한 이성계는 가문에 공부하는 이가 없는 것을 한스럽게 여겼다. 하여 이방원을 스승에게 보내 학문을 배우게 했고, 이방원도 날마다 글 읽기를 게을리하지 않았다. 이성계가 일찍이 말했다.

"내 뜻을 이뤄줄 사람은 반드시 너일 것이다."

이성계의 둘째 부인 강씨가 이방원이 글 읽는 소리를 들을 때마다 탄식하며 말했다.

"어찌 나의 아들로 태어나지 않았는가?"

이 해우왕 9년(1383)에 이방원이 과거에 급제했는데, 이성계가 대궐 뜰에서 절하고는 매우 감격해 눈물을 흘렸다. 훗날 이방원이 제학提學에 임명되자 매우 기뻐하며 사람을 시켜 그 사령장인사 발령장을 두세 번이나 읽게 했다. 이성계가 손님들과 연회할 때마다 이방원에게 시를 짓게 하고는 말했다.

"내가 손님들과 즐기는 데는 너의 공이 크구나."

_ 태조실록 총서

위기에서 가족을 구하다

위화도 회군 때 이방원의 친모신의왕후 한씨는 포천 재벽동의 농장에 있었고, 서모 강씨신덕왕후 강씨는 포천 철현의 농장에 있었다. 개경에 있던 이방원이 변고가 났다는 말을 듣고 곧장 말을 달려 포천으로 갔다. 도착했을 때는 이미 노비들이 흩어져 도망간 후였다. 이방원은 직접 어머니와 서모를 모시고 동북면으로 길을 떠났다. 말을 탈 때나 내릴 때나 두 분을 직접 부축해 드렸고, 허리춤에 음식을 싸 가지고 다니며 봉양했다. 이때 나이 어린 동생들도 모두 따라 나섰다. 이에 이방원이 직접 어린 동생들을 안아서 말에 태워 주었고, 길이 험하거나 물이 깊을 때에는 직접 말을 끌어 주었다. 가는 길은 험했고 양식 또한 모자라 민가에서 밥을 얻어먹었다. 철원을 지날 때에는 조정의 관리들을 피해 몰래 밤에 움직이며 들판에서 유숙했다.

마침내 이천에 있는 한충의 집에 이르렀다. 그곳에서 주변 마을의 장정 백여 명을 모아 방어 태세를 갖추고 말했다.

"최영은 사리를 모르는 자니 나를 추격할 수 없을 것이다. 비록 쫓아온다 하더라도 두렵지 않다."

이방원 일행은 그곳에서 7일 동안 머물렀고, 일이 안정되자 개경으로 돌아왔다. 이에 앞서 최영이 요동 정벌을 나간 장수들의 처자를 가두라고 명했으나 일이 급박하게 돌아가 시행하지 못하였다.

_ 태조실록 총서

명나라 사신으로 가서 공을 세우다

임금이 정안군 이방원에게 말했다.

"만일 명나라 황제가 여러 가지를 묻는다면,* 너만이 제대로 대답할 수 있을 것이다."

정안군이 대답했다.

"신은 종묘사직의 안위를 생각할 뿐입니다. 어찌 어렵고 험한 길이라고 피하겠습니까?"

이에 임금이 눈물을 글썽거리며 말했다.

"너는 체질이 파리하고 허약하다. 어찌 만 리 먼 길을 탈 없이 다녀올 수 있을꼬?"

조정의 신하들이 모두 정안군의 안위를 걱정하였다. 남재가 나서서,

"정안군께서 먼 길을 떠나시는데 저희가 어찌 이곳에서 베개

* 태조 3년, 명나라는 조선에서 보낸 간첩을 잡았다며 사신의 요동 통행을 금지했다. 또 왕자를 보내 이 일을 해명하라 으름장을 놓았다. 당시 이방원은 생사를 장담할 수 없는 이 사행길을 자청해 떠난다.

를 베고 누워 편히 죽을 수 있겠습니까?"

말하며, 따라가기를 자청하였다.

_ 태조 3년(1394, 갑술) 6월 1일

정안군 이방원이 명나라 수도에서 황제를 두세 번이나 직접 만났다. 이에 사신의 요동 통행 문제를 상세히 아뢰니, 황제가 그 말을 귀담아 듣고 일행을 우대했다. 또한 명나라 선비들이 정안군 이방원을 보고 모두 조선의 세자라 하며 대단히 존경했다.

한편, 정안군이 연燕 지역을 지나면서 연왕燕王: 후일 명나라 3대 황제인 영락제을 직접 만났다. 연왕은 온화한 말과 예의로 후하게 대접하며 깨끗한 술과 음식을 풍성하게 베풀었다.

이때 정안군 이방원이 먼저 연 땅을 떠나 남경명나라 수도을 향해 길을 떠났다. 뒤이어 연왕 또한 황제께 조회하기 위해 마차를 타고 서둘러 남경으로 향했다. 두 일행이 도중에 만나니 정안군 이방원이 말 위에서 내려 인사했다. 이에 연왕은 마차를 멈추고 휘장을 젖히고는 오랫동안 친근하게 대화를 나누었다.

_ 태조 3년(1394, 갑술) 11월 19일

강비의 맏아들, 여섯째 이방번

무안군 이방번을 따르는 무리들은 모두 불량한 자들로 오직 활 쏘고 말 타는 데에만 힘썼다. 또한 망령되이 방번을 세자로 만들고자 오랫동안 일을 꾸몄다. 어느 날 이들이 방번에게 말했다.

"저희들이 중전마마와 연줄이 있습니다. 공께서 아우를 대신해 세자가 되시기로 얘기가 이미 끝났습니다. 곧 교지가 내려올 것이니 밖에 나가지 말고 기다리십시오."

이방번이 이 말을 믿고는 집 밖으로 나오지 않고 교지를 기다렸다. 이에 사람들이 그를 비웃었다.

_ 태조 7년(1398, 무인) 8월 26일

비운의 세자, 막내 이방석

공신 배극렴·조준·정도전 등이 나이와 공로를 헤아려 세자를 세우라 청했다. 임금은 강비를 존중해 내심 무안군 이방번을 세자로 삼으려 하였다. 그러나 이방번은 성격이 거칠고 경솔해 볼 만한 것이 없었으므로 공신들이 이를 어렵게 여겼다. 대신들은 서로 모여 사사로이 말했다.

"반드시 강비의 아들로 세자를 삼아야 한다면 이방번보다는 그 아우 이방석이 조금 낫겠다."

임금이 다시 물었다.

"누가 세자가 될 만한가?"

대신들 중에는 적장자나 공로가 있는 사람을 세워야 한다고 간절히 말하는 사람이 없었다. 이때 배극렴이 말했다.

"막내 아들이 좋겠습니다."

이에 임금이 마음을 정하여 어린 서자 이방석을 왕세자로 삼았다.

_ 태조 1년(1392, 임신) 8월 20일

5-2. 1차 왕자의 난 ①—동지들의 죽음

궁지에 몰린 왕자들

정도전과 남은 등이 권세를 독차지하고자 어린 서자이방석를 세자로 세우고, 집안이 한미한 심효생의 딸을 세자빈으로 삼았다. 그리고 세자의 친형 무안군 이방번, 그 매부 흥안군 이제와 함께 자신의 무리를 늘려 나갔다. 또, 산기상시散騎常侍: 중서문하성 정3품 벼슬. 간쟁과 왕명 출납 담당 변중량을 사주해 여러 왕자들의 병권을 빼앗아야 한다고 두세 번이나 상소를 올렸다.

한번은 점쟁이 안식安植이 말했다.

"세자의 배다른 형제 중에 왕이 될 만한 분이 여럿 있습니다."

이 말을 들은 정도전이 말했다.

"그들은 곧 제거될 것이다. 걱정할 게 무엇인가?"

의안군 이화태조의 이복동생가 그 계획을 알고는 비밀리에 정안군 이방원에게 알렸다.

한편 환관 조순曺恂이 임금의 교지를 전했다.

"내가 병이 심하니 사람을 만나고 싶지 않다. 세자 외에는 만나지 않겠다."

정도전·남은·심효생 등이 임금의 병환을 핑계로 밤낮으로 모여 일을 꾸몄다. 이들이 모의하기를, 임금이 위독하다고 전하여 여러 왕자들을 궁궐로 불러들이기로 하였다. 왕자들이 도착하면 궁궐 노비와 군졸들이 안에서 공격하고, 정도전과 남은 등은 밖에서 대응하기로 했다. 거사일은 기사일己巳日: 8월 26일로 정했다.

이방원, 변고에 대비하다

이때에 임금의 병이 매우 위급했다. 이에 정안군 이방원·익안군 이방의·회안군 이방간·의안군 이화 그리고 흥안군 이제 등이 모두 근정문 밖 서쪽 행랑에 모여 밤을 지새웠다.

이날 신시申時: 오후 3시 30분~5시 30분에 민무질閔無疾: 이방원의 처남이 누이와 마주앉아 한참 동안 이야기했다. 그후 이방원의 부인이 종 소근을 시켜 대궐에 있는 정안군을 서둘러 모셔 오라고 명했다. 이에 소근이 물었다.

"여러 왕자와 종친께서 함께 계신데 제가 뭐라고 말씀드리고 모셔 와야 합니까?"

부인이 말했다.

"내가 갑자기 흉통과 복통을 일으켰다 전해라. 그리하면 공께서 빨리 오실 것이다."

소근이 대궐에 나아가 그대로 아뢰었다. 이에 의안군 이화가 이방원에게 청심환과 소합환蘇合丸: 설사를 다스리는 약을 주면서 서둘러 부인의 병을 치료하라 위로했다.

이방원이 집으로 돌아와 부인, 민무질과 함께 한참 동안 얘기를 나눴다. 부인이 이방원의 옷을 잡고서 대궐로 돌아가지 말라고 간청했다. 그러나 옷자락을 뿌리치며 말했다.

"어찌 죽음이 두려워 가지 않을 수 있겠소. 여러 형님들이 모두 궁에 있으니 가서 알려야 하오. 만일 반란이 일어난다면 돌아와서 군사를 일으킨 후 민심을 살필 것이오."

이에 부인이 문밖까지 따라 나오며 말했다.

"조심하고 또 조심하십시오."

밖에 나오니 날이 이미 어두워졌다.

10여 일 전, 이미 왕자들의 사병이 모두 혁파됐다. 이방원도 병장기를 모두 불태웠으나 부인이 몰래 무기를 감추어 두고 반란에 대비하고 있었다. 이에 이방원은 이숙번李叔蕃에게 무기를 갖추고 대기하라 명하고서 궁의 서쪽 행랑으로 돌아갔다.

군사를 일으키다

이때, 궁에 들어간 여러 왕자들은 아무도 대궐에 말을 매어 두지 않았다. 오직 이방원만 홀로 소근을 시켜 서쪽 행랑 뒤에 말을 묶어 두게 했다. 이때 이방번이 안으로 들어가려 하니 이방원이 그를 불렀다. 그러나 이방번은 머리를 긁적이며 머뭇거리다 대답 없이 안으로 들어갔다.

초경初更: 저녁 7시~9시이 되자 대전大殿에서 사람이 나와 말했다.

"전하의 병이 위급하시어 피병避病: 병을 피해 거처를 옮김하고자 하십니다. 여러 왕자들께서는 서둘러 안으로 드십시오. 시종하는 사람들은 함께 들어올 수 없습니다."

이에 여러 왕자와 인척들이 뜰에 나와 섰다. 이방원이 대전 문 앞에서 이방의·이방간·이백경태조의 첫째 사위 등에게 은밀히 말했다.

"옛 제도에 따르면 밤에는 궁궐 문에 등불을 밝히게 되어 있습니다. 그런데 지금 대전으로 들어가는 문에 등불이 꺼져 있으니 매우 의심스럽습니다."

다른 사람들은 모두 대전으로 들어갔으나 이방원은 배가 아프다는 핑계로 뒷간에 들어가 한참 동안 생각했다. 이때 이방의·이방간 등이 달려 나와 이방원을 두 번이나 소리쳐 부르니, 이방원이 양 소매를 떨치며 말했다.

"두 형님이 어찌 저리 큰소리로 나를 찾는가? 형세가 어쩔 수 없게 된 게로구나."

이방원은 즉시 말을 달려 궁궐 서문 밖으로 나갔다. 이방의, 이방간, 이백경은 모두 말을 타지 못하고 달려 나갔다. 이에 이백경만 이방원의 말을 따라잡았고, 이방의와 이방간은 넘어지고 비틀거리며 간신히 뒤를 따랐다.

이방원이 자신의 고을에 마련된 군영 앞에서 이숙번을 부르니 그가 무사 두명을 거느리고 갑옷차림으로 나왔다. 이곳에서 이방의·이방간·이백경 부자도 말을 얻어 탔다. 또 이거이李居易·조영무·신극례 등이 모였는데 모두 이방원을 진심으로 따르는 이들이었다. 이때 민무구·민무질까지 모였으나 기병은 겨우 10명뿐이었고 보졸도 9명에 불과했다. 이방원은 군사들에게 부인이 준비해 둔 창의 절반을 나눠 주었다. 따르는 십여 인의 노복들은 모두 막대기를 쥐었고, 소근만 홀로 칼을 지녔다.

이방원이 말을 달려 둑소纛所: 군대의 큰 깃발이 있는 곳 북쪽 길에 이르러 이숙번에게 말했다.

"오늘 일은 어찌하면 좋겠는가?"

이숙번이 대답했다.

"일은 이미 벌어졌습니다. 주저하지 마시고 군호軍號: 군사작전시 암호를 내리십시오."

이에 군호를 '산성'山城이라고 하고 삼군부三軍府 문앞에서 하늘의 뜻을 기다렸다.

이때 세자 이방석이 변고가 일어났다는 말을 듣고 군사를 거느리고 싸우고자 했다. 이에 사람을 시켜 궁궐 남문에 올라가 상황을 살피게 했는데, 광화문에서부터 남산에 이르기까지 정예병이 꽉 차 있었다. 이에 감히 출병시킬 수 없었으니, 사람들은 이때의 일을 신神의 도움이라고 했다.*

정도전과 남은의 죽음

이방원이 다시 이숙번에게 물었다.

"지금부터 무엇을 해야겠는가?"

이숙번이 대답했다.

* 실록에서는 처음 이방원의 군사가 겨우 20명 정도였다고 전한다. 반면 궁궐 남문에 오른 군사는 한양 시가에 이방원의 정예병이 꽉 차 있다고 보고한다. 이는 당시 보고한 이가 착각한 것이거나, 왕자의 난을 정당화하기 위해 기록을 왜곡한 것으로 보인다.

"간악한 무리들이 모여 있는 곳을 포위하십시오. 불을 지르고 밖으로 나오는 이들을 죽이는 것이 좋겠습니다."

밤 이경二更: 밤 9시~11시이 되어 송현松峴: 현 서울시 종로구 소재을 지날 때, 이숙번이 말했다.

"이곳이 남은의 첩네 집입니다."

그 집에는 말 두서너 필이 매여 있었고 노복들은 모두 잠들어 있었다. 정도전과 남은 등은 불을 밝히고 모여 앉아 웃으며 이야기하고 있었다. 이방원은 소근 등 군졸 10여 인에게 그 집을 포위하게 하고는 이웃집 세 곳에다 불을 질렀다. 이에 심효생·이근李懃·장지화 등이 모두 그곳에서 죽임을 당했고, 정도전은 이웃에 있는 전판사 민부閔富의 집으로 도망쳐 들어갔다. 민부가 이방원에게 말했다.

"저희 집에 배가 불룩한 사람이 들어왔습니다."

이방원은 그가 정도전임을 알아채고 소근에게 잡아오라 명했다. 소근이 침실 안에 숨어 있는 정도전에게 나오라고 소리치니, 그제야 작은 칼을 쥐고 엉금엉금 기어 나왔다. 소근이 칼을 버리라고 꾸짖으니, 정도전이 칼을 던지고 문 밖으로 나오며 말했다.

"죽이지 마시오. 말 한마디만 하고 죽겠소."

소근이 정도전을 이방원 앞으로 끌어내니, 그가 말했다.

"예전에 정몽주가 모함했을 때 공이 나를 한 번 살렸습니다. 이번에도 살려 주시오."

이방원이 말했다.

"조선의 최고 공신이 되고도 부족했던 것이오? 어찌 이토록 악한 짓을 저질렀소?"

마침내 정도전의 목을 베었다.

정도전에게는 아들 네 명이 있었는데, 정유鄭游와 정영鄭泳은 반란이 일어났다는 말을 듣고 아버지를 구하러 갔다가 군사들에게 살해되었다. 정담鄭湛은 집에서 스스로 목을 찔러 죽었다.*

이직李稷은 지붕에 올라가서 노비인 척 불을 끄는 시늉을 하고 도망쳤다.**

남은은 도망쳐 도성의 수문을 통해 빠져나갔는데, 노비 최운崔沄과 하경河景이 끝까지 그 곁을 지켰다. 성 밖의 막사에 숨어 있던 남은이 스스로 순군옥에 나가려 했다. 이에 최운이 말리니 남은이 말했다.

"정도전은 남에게 미움을 많이 받아 참형을 당했다. 하지만

* 정도전의 네 아들 중 정진(鄭津)은 세종 대까지 살아남았다. 여러 벼슬을 두루 거쳐 형조판서까지 올랐다.

** 이후 이직은 태종대에 이조판서를 지내고 세종대에 우의정까지 역임한다.

나를 미워하는 사람은 없으니 무사할 것이다."

그러나 남은 또한 순군옥 문앞에 이르러 참형을 당했다.

_ 태조 7년(1398, 무인) 8월 26일

5-3. 1차 왕자의 난 ② — 대세가 기울다

정승들을 장악하다

이방원이 박포와 민무질을 보내 좌정승 조준을 불러오게 했다. 조준은 망설이며 점쟁이에게 그의 거취를 점치게 하고는 즉시 나오지 않았다. 이에 이방원은 이숙번을 시켜 조준을 재촉하고, 직접 길 중간까지 마중 나왔다. 조준이 우정승 김사형과 함께 갑옷을 입은 많은 노비들을 거느리고 왔다. 가회방 입구에 이르자 이방원의 군사들이 노비들을 막고 두 정승만 들어가게 했다. 이에 조준과 김사형 등이 말에서 내려 빠른 걸음으로 다리를 건넜다. 이방원이 두 정승에게 말했다.

"경들은 어찌 조선의 사직을 걱정하지 않으시오?"

조준과 김사형이 몹시 두려워하며 말 앞에 무릎을 꿇었다. 이방원이 다시 말했다.

"정도전과 남은 등이 어린 서자를 세자로 세우고 나의 친형제들을 제거하려 하였소. 이번 일은 약자인 내가 먼저 선수를 친 것이오."

조준 등이 머리를 조아리며 말했다.

"그들이 하는 짓을 알지 못했습니다."

이방원이 말했다.

"이처럼 큰일은 조정에 고하고 처리해야 마땅하지만, 오늘은 일이 급박해 미처 알리지 못했소. 서둘러 당상관정3품 이상 관리 몇을 불러 절차대로 일을 처리하시오."

조준과 김사형 등이 도평의사사에 들어가니, 이방원이 생각해 말했다.

"우리 군사는 그 수가 적다. 만약 이방석 등이 군사를 거느리고 궐 밖으로 나와 싸운다면 반드시 우리가 뒤로 물러나게 될 것이다. 그렇게 되면 도당에 있는 재상들이 저들의 수중에 떨어져 이방석을 따르게 될지도 모를 일이다."

이에 사람을 시켜 도당에 전했다.

"우리 형제가 길 위에 있는데 여러 정승들이 도당에 들어가 앉아 있는 것은 옳지 않소. 즉시 이곳 운종가로 회의 장소를 옮기시오."

결국 예조에 명해 백관들을 재촉해 운종가로 모이게 했다.

궁궐 시위대를 해산시키다

이방원이 다시 삼군부 앞에 돌아왔다. 시각이 사경四更: 새벽 1시~3시이나 되었는데도, 뜻 있는 사람들이 잇달아 모여들었다. 찬성 유만수도 아들 유원지柳源之를 데리고 이방원을 찾아왔다. 그러나 이방간 등은 유만수가 정도전의 무리이니 죽여야 한다고 강력하게 주장했다. 이에 어쩔 수 없이 죽이는 것을 허락하니 유만수가 이방원이 탄 말 고삐를 단단히 잡고 놓지 않았다. 그러자 소근이 유만수의 턱 밑을 칼로 찔렀다. 유만수가 고개를 쳐들고 뒤로 넘어지자 그 틈에 그의 목을 베었다. 이방원이 그 아들 유원지에게 말했다.

"너는 죄가 없으니 집으로 돌아가라"

그러나 이방간이 뒤를 따라가 목을 베었다.

친군위도진무親軍衛都鎭撫 조온趙溫과 박위朴葳가 대궐에서 숙직하고 있었다. 이방원이 사람을 시켜 조온과 박위를 부르니, 조온은 즉시 휘하의 군졸들을 거느리고 이방원을 찾아왔다. 박위는 한참 동안 응하지 않다가 마지못해 칼을 차고 나왔다. 박위는 이방원의 군사가 적은 것을 보고 아침이면 사람들이 따르지 않을 것이라 생각했다. 하여 이렇게 말했다.

"날이 밝은 이후에 명을 따르겠습니다."

이에 이방간이 이방원의 허락을 받아 사람을 시켜 그의 목을 베었다.

이방원이 조온에게 명해 궐을 지키는 갑사甲士들을 모두 궐 밖으로 나오게 했다. 이에 근정전 이남의 갑사가 모두 나와서 무기를 버린 후 집으로 돌아갔다.

전 참찬 이무李茂는 집 밖으로 나오다 화살에 빗맞았다. 그가 이방원의 세력이 약한 것을 보고 사람을 시켜 부축하게 하고는 정신이 혼미하다고 거짓말을 했다.

"화살 맞은 곳의 통증이 매우 심합니다. 도당의 곁방에 들어가 쉬어야겠습니다."

그러나 박위가 참형 당했다는 말을 듣고는 즉시 도로 나왔다.

죄인이 누구인가?

이때 임금은 병이 심하여 대궐 서쪽의 양정凉亭으로 거처를 옮겼다. 이윽고 새벽 닭이 우니 임금이 좌부승지 노석주盧石柱와 도승지 이문화를 불렀다. 이문화가 임금의 거처에 나아가니, 세자 이방석을 비롯해 이방번·이제·이화·장사길張思吉 등이 들어와 있었다. 여러 왕자와 재상, 그리고 환관들이 모두 갑옷을 입고 칼을 찼는데, 조순·김육金陸·노석주·변중량은 갑옷을 입지 않고 있었다.

노석주가 이문화에게 교서를 작성해 두라는 임금의 명을 전했다. 이문화가 할 수 없다고 말하자 노석주가 말했다.

"공민왕 때 이색이 고려 장수 세 명을 참형하며 썼던 글에 맞추면 되오."

이문화가 그 글을 아는지 물으니, 노석주가 대답했다.

"적을 쳐부순 것은 한때의 공로지만 임금을 업신여긴 마음은 만세의 죄라는 글이오."

이문화가 말했다.

"그렇다면 지금 도대체 죄인이 누구요?"

노석주가 독촉하며 말했다.

"누가 죄인인지는 임금께 다시 여쭐 것이니, 우선 글의 초안부터 잡으시오."

이문화가 붓을 쥐고서 말했다.

"그대도 문장을 지을 줄 아니 직접 글의 내용을 지으시오. 나는 받아쓰겠소."

이에 노석주가 문장을 불러 주었다.

"아무 아무개가 몰래 반역을 도모해 개국에 공이 있는 아무 아무개 등을 해치고자 하였다. 그 계획이 발각되니 주동자들을 모두 체포해 죽이라 명했다. 그러나 겁박에 못 이겨 반역에 동참

한 자들의 죄는 더 이상 묻지 않을 것이다."

초안이 완성되자 노석주가 임금께 그것을 올렸다. 임금이 말했다.

"두 정승이 오기를 기다려 일의 전말을 파악해 교서를 반포하라."

임금께 보고하다

잠시 후, 도당에서 백관들을 거느리고 임금께 아뢰었다.

"정도전·남은·심효생 등이 무리를 모아 은밀히 종친을 해치고자 난을 일으키려 했습니다. 이에 미처 아뢰지 못하고 급박하게 그들을 제거했으니 놀라지 마십시오."

이때 흥안군 이제이방번의 매부가 임금께 아뢰었다.

"여러 왕자들이 군사를 일으켜 남은 등을 죽였으니, 앞으로 신에게도 화가 미칠 것입니다. 군사를 거느리고 나가서 공격하도록 허락해 주십시오."

임금이 말했다.

"걱정하지 말라. 설마 화가 너에게까지 미치겠느냐?"

이화도 또한 말리며 말했다.

"집안일이니 서로 싸울 필요가 없네."

이제가 칼을 빼서 여러 번 노려보았으나 이화는 편안히 앉아 동요하지 않았다.

_ 태조 7년(1398, 무인) 8월 26일

5-4. 1차 왕자의 난 ③—세자를 바꾸다

도망간 영안군 이방과

이때 영안군 이방과정종는 임금의 쾌유를 빌기 위해 소격전昭格殿: 하늘과 별에 제사 지내던 관아에서 재계를 드리고 있었다. 변고가 났다는 말에 몸종 하나만 데리고 줄을 타고 몰래 성을 빠져나와 걸어서 풍양현 경기도 남양주 일대에 있는 김인귀金仁貴의 집에 숨었다. 이에 이방원이 사람을 시켜 그를 찾아오게 했다. 해 질 무렵이 되어서야 이방과가 도착했는데, 이방원이 직접 궁성 남문 밖에 나가 그를 맞이했다.

당시 사람들이 모두 임금에게 이방원을 세자로 세우라 청했다. 그러나 이방원은 굳이 사양하며 이방과를 세자로 삼을 것을 청했다. 이방과가 말했다.

"처음 개국할 때부터 지금까지 공은 모두 너에게 있었다. 내가 세자가 될 수는 없다."

이방원이 더욱 강하게 권하며 말했다.

"국본國本은 마땅히 적장자여야 합니다."

이방과가 마침내 말했다.

"그런 이유라면 내가 할 일이 있겠구나."

세자를 바꾸다

마침내 이방원이 도당에 명해 임금께 상소를 올렸다.

"적장자로 세자를 세우는 것은 만세의 변치 않는 도리입니다. 그런데 전하께서 장자를 버리고 어린 아이를 세자로 세우시니, 정도전 등이 어린 세자를 끼고서 여러 왕자들을 해치려고 했습니다. 다행히 천지신명과 종묘사직의 보살핌으로 난신을 참형에 처했으니, 전하께서는 적장자인 영안군을 세자로 삼으소서."

도승지 이문화가 이 상소를 임금께 읽어 드렸다. 이때 임금 옆에는 세자 이방석과 무안군 이방번이 함께 있었다. 임금이 상소를 듣고 한참 만에 윤허하며 말했다.

"모두 내 아들들이니 안 될 것도 없겠구나."

임금이 세자 이방석을 돌아보며 말했다.

"너는 앞으로 편하겠구나."

이문화가 임금의 명을 받고 나가니, 대궐 안에 있던 신하들이 무슨 일이 벌어지고 있는지 물었다. 이문화가 미소 지으며 대답했다.

"세자를 바꾸는 일입니다."

좌부승지 노석주가 미리 작성해 놓았던 교서의 초안을 봉하고서, 이문화에게 서명하게 하였다. 그러나 이문화는 교서의 초안을 받지 않았다. 다음으로 의안군 이화에게 서명을 청했으나 그 또한 받지 않았다. 그 다음으로 좌중의 여러 재상들에게 청했으나 그들 역시 받지 않았다. 이문화가 노석주에게 말했다.

"그 초안은 그대가 작성하지 않았소. 어찌 직접 서명하지 않는 것이오?"

이에 노석주는 "알겠다"고 말하고 직접 서명하고는 초안을 소매 속에 넣었다. 잠시 후 노석주가 안으로 들어가 왕명을 받들고 나와 말했다.

"전하께서 교서의 초안을 고치셨으니 속히 내려야겠소."

이문화가 물었다.

"교서를 어떻게 고치셨던가?"

노석주가 왕명을 전하여 말했다.

"개국공신 정도전과 남은 등이 몰래 반역을 꾀하고, 왕자와 종친들을 해치려 하였다. 지금 그 일이 모두 발각됐으니, 공이 아무리 크다 한들 그 죄를 덮을 수는 없다. 죄인들은 이미 모두 참살됐으나, 겁박에 못 이겨 가담한 자들은 죄를 묻지 않을 것이다."

변중량이 교서를 고쳐서 임금께 올렸다. 임금이 시녀의 부축을 받아 교서에 서명하고 다시 자리에 돌아누웠다. 이때 임금은 병이 몹시 심해 토할 듯했는데 토하지 못하면서 말했다.

"무엇이 목구멍 사이에 있는 듯하면서 내려가지 않는구나."

두 아들과 사위의 죽음

도당에서 폐세자 이방석을 궁궐 밖으로 내보내라 청했다. 임금이 이방석에게 말했다.

"이미 세자 자리를 내놓았으니 밖으로 나가더라도 해를 입지 않을 것이다."

이방석이 울면서 임금께 하직하니 세자빈이 옷자락을 잡고 통곡했다. 처음에 이방원과 이방간 등은 이방석을 먼 곳에 유배 보내기로 의논했다. 그러나 이거이와 이백경 등이 도당과 의논해 궁성 서문 밖으로 나간 이방석을 길 위에서 죽였다.

이번에는 도당에서 이방번을 내보내라 청했다. 임금이 이방번에게 말했다.

"세자는 이미 죽었지만 너는 먼 지방에 귀양 가는 데 불과할 것이다."

이방번이 막 궁성 남문을 나가려는데, 이방원이 말에서 내려 이방번의 손을 이끌며 말했다.

"남은 등이 우리 왕자들을 제거하게 되면 너 또한 무사할 수 없었을 것이다. 그리하여 어제 내가 너를 부른 것인데, 어찌 따르지 않았는가? 지금 비록 네가 외방으로 쫓겨나지만 얼마 안 가 다시 돌아올 것이다. 잘 가거라, 잘 가거라."

이방번이 통진通津: 경기도 김포으로 유배 가는 길에 양화도를 건너 도승관渡丞館에 머물렀다. 이때 이방간이 이백경 등과 함께 도당과 의논해 사람을 시켜 이방번을 죽였다. 그 소식을 들은 이방원이 이숙번에게 말했다.

"내가 유만수의 목숨도 보전하려 했는데 형제의 목숨임에랴! 이거이 부자가 나에게는 알리지도 않고서 도당하고만 의논해 나의 형제를 죽였다. 지금은 인심이 불안해 내 분노를 드러낼 수 없으니, 그대는 이 말을 남에게 전하지 말라."

흥안군 이제가 집으로 돌아오니 부인인 경순옹주慶順翁主: 이방석의 누이가 말했다.

"내가 공과 함께 정안군의 집으로 간다면 반드시 살 수 있을 것입니다."

그러나 이제는 듣지 않았다. 저녁에 군사들이 와서 이제를 죽이니, 이방원이 그 소식을 듣고 놀라서 진무鎭撫 전흥田興을 불러 말했다.

"이제가 죽었으니 그 집 노비들이 흩어져 도망갈 것이다. 그대가 군사 10여 명을 거느리고 이제의 집에 가서 시체를 거두고 노비들을 단속하라."

이에 이제의 집에 가서 시체를 정성껏 염습하니 경순옹주가 감격해 울었다.

_ 태조 7년(1398, 무인) 8월 26일

5-5. 수정포도를 구하는 마음

임금이 수정포도청포도를 먹고자 하여 조순에게 명해 세자영안군 이방과와 여러 아들들에게 전하였다.

"나는 아버지가 계시지 않아 그림을 보고 그리움을 달랜다. 내가 비록 몸은 쇠약하지만 아직 숨이 붙어 있으니 너희에게는 다행한 일이다. 병이 오랫동안 낫지 않으니 수정포도가 먹고 싶구나."

세자와 여러 왕자들이 큰 소리로 울며 즉시 상림원사上林園史: 궐내 과일 담당 관리 한간韓幹에게 명해 개성과 경기도에 널리 포도를 구하게 했다. 경력經歷 김정준金廷雋이 서리를 맞아 반쯤 익은 산포도 한 상자를 바치니, 임금이 크게 기뻐했다.

_ 태조 7년(1398, 무인) 9월 1일

한간이 수정포도를 구해 와서 바치니, 임금이 매우 기뻐하며 쌀

열 석을 내렸다. 임금이 갈증이 날 때마다 한두 개씩 맛보았는데, 이때부터 병이 조금씩 회복되었다.

_ 태조 7년(1398, 무인) 9월 3일

5-6. 태상왕의 슬픔*

부끄러워 밤을 틈타노라

이른 새벽, 상왕태조이 시중 윤환尹桓의 옛집으로 거처를 옮겼다.**
앞서 상왕이 말했다.

"내가 한양으로 천도해 아내와 아들을 잃고서 다시 개성으로 돌아왔다. 개성 사람들에게 참으로 부끄러운 일이다. 앞으로 궁 밖에 나갈 때는 반드시 밤을 틈타 사람들이 보지 못하게 할 것이다."

_정종 1년(1399, 기묘) 3월 13일

* 태조가 왕위를 내려놓은 이후의 상황을 보여 주기 위해 5-6, 5-7에는 『정종실록』과 『태종실록』의 기사를 실었다.
** 정종은 즉위 후 도읍을 다시 개경으로 옮겼다. 이에 태조는 개성에 있는 변안열의 옛 집에 머물고 있었다.

상왕이 한양으로 행차하니,임금정종이 전송하기 위해 동대문으로 나갔다. 그러나 뵙지 못했으니, 상왕이 밤 사경四更에 어가御駕: 임금의 행차에 쓰이는 수레나 마차를 움직였기 때문이었다. 세자태종가 벽제역경기도 파주까지 뒤쫓았으나 역시 만나지 못했다.

_정종 2년(1400, 경진) 10월 15일

자식의 죽음을 한탄하다

상왕이 홀로 말을 타고 관음굴강원도 양양 낙산사의 암자에 거둥하니 백운사白雲寺의 늙은 중 신강信剛이 찾아왔다. 상왕이 그를 보고 탄식하며 말했다.

"내 아들 방석이와 방번이가 다 죽었다. 내가 잊고자 하나 잊을 수가 없구나!"

신강이 대답했다.

"두 분의 불행은 전하께서 막을 수 없었습니다. 상심하지 마십시오."

상왕이 그 말을 듣고 고개를 끄덕였다.

_정종 1년(1399, 기묘) 3월 13일

상왕이 경순옹주를 여승이 되게 했다. 옹주는 죽은 흥안군 이제의 아내이다. 머리를 깎으면서 옹주가 하염없이 눈물을 흘렸다.

_정종 1년(1399, 기묘) 9월 10일

임금태종이 소요산에 가서 태상왕태조을 뵙고는 말없이 술잔을 올렸다.* 태상왕과 임금이 술에 거나하게 취해 서로 시를 주고받았다. 함께 연회에 참석했던 여러 종친과 대신들이 태상왕께 돌아오시기를 청하며 말했다.

"염불하고 불경 외는 데 꼭 소요산일 필요가 있습니까?"

태상왕이 말했다.

"그대들의 뜻은 나도 알고 있다. 그러나 내가 불법을 좋아하는 것은 죽은 두 아들과 사위 때문이다."

이어 허공에다 큰 소리로 외쳤다.

"우리들도 모두 서방정토를 향해 가고 있노라."

태상왕은 무인년왕자의 난의 일로 인해 마음에 병이 생겼다. 그때부터 항상 답답하고 즐겁지 않았으므로 떠돌아다니는 일이 많았다.

_태종 2년(1402, 임오) 1월 28일

* 태조는 태종 즉위 이후 소요산과 함흥을 떠돌며 1년간 궁으로 돌아오지 않았다. 그동안 이성계는 조사의(趙思義)를 사주해 난을 일으켰는데, 이것이 '함흥차사' 일화의 배경이 됐다.

5-7. 배신한 신하들에 분노하다

좌정승 성석린成石璘과 우정승 민제閔霽 등이 입궐하여 임금정종께 아뢰었다.

"상왕태조께서 죄 없는 공신 이무·조영무·조온 등을 견책해 내쫓으셨습니다. 이에 모든 관리들이 의아해하며 원망하고 있습니다. 원컨대 그들을 다시 조정에 부르시어 여러 사람들의 마음을 안심시키소서."

임금이 허락하지 않자 성석린 등이 다시 상소를 올렸고, 대간과 형조에서도 간절히 간언했다. 임금이 도승지 정구鄭矩를 시켜 삼성三省: 사헌부·사간원·형조의 상소를 가지고 상왕태조께 아뢰었다.

"삼성에서 이무와 조영무에게 죄가 없다고 말합니다. 나라의 원로들과 문무백관도 모두 복귀를 청하고 있습니다. 신은 이를 어찌 처결해야 할지 몰라 먹고 자는 것조차 편치 않습니다. 상왕전하께서 명하시는 대로 따르겠으니 결단을 내려 주십시오."

상왕이 삼성에서 올린 상소를 보고 더욱 노하여 말했다.

"나라 사람들이 모두 과인이 잘못했다고 하는구나. 그렇다면 어찌 여기에 있을 수 있겠는가? 내 이제 이곳을 떠나야겠다."

상왕이 노했다는 소식을 듣고 좌정승 성석린·우정승 민제 등이 상왕전에 나아갔다. 상왕이 말했다.

"경들은 뭣하러 예까지 왔는가?"

성석린 등이 대답했다.

"최근 전하께서 불초한 신하들 때문에 심려가 크시다 들었습니다. 하여 저희가 왔습니다."

상왕이 말했다.

"나도 그런 줄 알았다. 내가 경들과 마음을 터놓고 싶은 지 오래되었다. 두 정승은 나와 나이가 비슷하고, 나머지 재상들도 내 휘하의 사람들이다. 하여 내 집안일을 잘 알고 있을 것이다. 과인이 조선을 창업한 지 7년 만에 적장자에게 왕위를 물려주었다. 어찌 남은 유감이 있어 무인년에 피살된 어린 자식들을 아직도 가슴에 품고 있겠는가? 모두 하늘의 뜻이라 생각한다. 내가 자식과 보위를 잃었다고 하여 종묘사직의 안위를 살피지 않는다면 천벌을 받을 것이다.

이천우李天祐는 집안이 몹시 미천한 자인데, 내 아버님의 뜻을 받들어 그 부자를 재상의 반열에 오르게 했다. 그러한 자가 나의 후한 은혜를 배반하였으니, 그것을 사람의 도리라고 할 수 있겠는가?

조온이란 자는 부모에게서 받은 것이라곤 몸뚱이 하나뿐이었다. 그가 먹고 입는 것, 벼슬하고 조정에 선 것, 개국공신이 된 것은 모두 내가 그렇게 만들어 준 것이다.

조영무란 자는 동북면 시위군侍衛軍에 불과했는데, 내가 발탁해 소장군으로 삼았다. 이로써 벼슬이 재상에 이르렀고 개국공신의 반열에도 서게 되었다.

하니 이 세 사람은 비록 분골쇄신하더라도 내 은혜를 갚을 수 없는 자들이다. 그런데도 그 소인배들은 지난 무인년왕자의 난에 나를 헌신짝처럼 배반했다. 조온과 이천우는 내 군졸들을 거느리고 난에 참여했고, 이무는 첩자 노릇을 했다. 이처럼 군신 간의 의리를 저버리고 자신의 이익만 구하는 자들에게 어찌 정사를 맡길 수 있겠는가? 그들이 앞으로 왕위를 엿보지 않는다고 어찌 장담할 수 있겠는가? 그들과 같은 신하가 조정에 있다면 조선의 사직이 오래갈 수 없을 것이다."

상왕이 성석린과 권근을 가리키며 말했다.

"경들은 지금 세상에 이름난 유학자들이다. 어찌 한나라 고조가 정공丁公의 목을 베어서 나라의 명운을 4백 년이나 보전할 수 있었음을 모르는가?* 사람들이 모두 나더러 왕위와 자식을 잃은 한을 품고서 정사공신定社功臣: 1차 왕자의 난에 공을 세운 공신들을 미워한다고 한다. 하지만 내가 적장자에게 왕위를 물려주었고 또 다른 아들 이방원을 세자로 삼았으니 무슨 여한이 있겠는가? 왕위를 물려주지 않았다 한들 나를 죽이고 왕위를 빼앗았겠는가? 나는 다만 한나라 고조의 마음으로 사직을 염려하는 것뿐이다. 이무 등을 죄주거나 석방하는 일은 너희 임금이 알아서 결정할 일이다."

상왕이 성석린 등에게 술을 내리니, 재상들은 다시 말하지 못하고 물러나왔다.

_정종 2년(1400, 경진) 7월 2일

* 한고조 유방은 초나라 항우와 싸우다 위기에 처했다. 이때 초나라 장수 정공은 유방이 도망치도록 눈감아 주었다. 훗날 정공이 황제가 된 유방을 찾아오자, 유방은 군주를 배신한 신하라 하여 그를 참수했다.

六· 새 나라의 정치제도

6-1. 임금의 공부, 경연

늙어 공부하지 못하노라

사간원에서 날마다 경연經筵: 임금과 신하가 함께 공부하고 토론하는 일을 열자고 청하니 임금이 말했다.

"수염과 피부가 이미 허옇게 되었으니 여러 유생들을 모아서 강론講論: 교리를 설명하고 토론함할 필요가 없다."

도승지 안경공安景恭이 대답했다.

"간관은 전하께 그저 독서만을 청하는 것이 아닙니다. 정직한 사람을 가까이 두고 바른 말을 들으시라는 뜻입니다."

임금이 말했다.

"내가 비록 경연에 나가지는 않지만 편전에서 대사성 유경에게 『대학연의』大學衍義를 강론하게 하고 있다."

_ 태조 1년(1392, 임신) 11월 12일

날마다 경연에 나가소서

간관諫官: 사간원 관리이 상소했다.

"일전에 상소를 올려 앞으로 간언諫言을 잘 들어 주시겠다는 허락을 받았습니다. 비록 신들이 식견이 얕고 재주가 미천하지만 어찌 감히 명확하지 않은 간언을 들어 달라 청하겠습니까? 신들은 '군주의 마음은 정치의 근원'이라 들었습니다. 군주의 마음이 바르면 모든 일이 바르게 되고, 바르지 못하면 온갖 사욕이 일어납니다. 이런 까닭에 자신을 기르고 성찰하는 공부를 지극히 해야 하는 것입니다.

전하께서는 왕위에 오르시기 전부터 서책 보기를 좋아하셨고, 왕위에 오르신 후에도 날마다 부지런히 공부하고 계십니다. 하여 이치를 궁구해 마음을 바로 잡는 궁리정심窮理正心과 자신을 닦고 남을 다스리는 수기치인修己治人은 잘 알고 계실 것입니다. 부족하고 우매한 저희들이 전하의 깊은 뜻을 어찌 따라갈 수 있겠습니까?

그러나 지금 경연이라는 제도만 있을 뿐, 실제로 경연을 열었다는 말은 듣지 못했습니다. 전하께서는 '넓은 집과 큰 정원, 그 모든 곳이 배움의 장소이다. 어찌 일정한 법도에 얽매여 날마다 경연을 해야만 학문한다 하겠는가?'라고 하실 것입니다. 그러나 신들이 생각하기에 군주의 학문은 단지 외우고 강론하는 데에만 있지 않습니다. 날마다 경연에 나가 선비를 맞이하는 것은 첫째, 현명한 사대부와 자주 만나기 위함이요, 둘째, 환관과 궁첩을 멀리하고 게으름과 나태함을 떨치기 위함입니다.

창업 군주는 자손들의 모범이 됩니다. 전하께서 만약 경연을 급하지 않은 일이라 여기신다면, 후손들 중에 이를 핑계로 공부하지 않는 분이 생길 것입니다. 이것은 결코 작은 일이 아닙니다. 부디 전하께서는 날마다 경연에 나와 『대학』을 강론하십시오. 그리고 격물치지格物致知, 성의정심誠意正心을 연구하시어 수신제가치국평천하修身齊家治國平天下를 이루십시오."

임금이 이를 윤허했다.

_ 태조 1년(1392, 임신) 11월 14일

6-2. 왕도 볼 수 없는 사초(史草)

사초를 만드는 법

예문춘추관藝文春秋館: 기록과 사초 관리 관청에서 사초史草: 실록 편찬의 자료가 되는 기록를 만드는 세 가지 방법을 아뢰었다.

"하나, 정전正殿에서 정무를 처리하실 때와 대소신료들을 접견하실 때에는 반드시 사관史官을 좌우에 입시케 하시어, 정무의 크고 작은 일을 모두 듣고 기록할 수 있게 하십시오.

하나, 관리로서 사관의 일을 겸한 사람은 각기 보고 들은 바를 기록해 사초를 만들고, 그것을 모두 예문춘추관으로 보내게 하십시오.

하나, 예문춘추관이 서울과 지방의 모든 관청에 직접 공문을 보낼 수 있게 하십시오. 그리하면 정치와 법령에 관련된 일과 권장하고 징계할 만한 일을 모두 정확히 공문서로 전달받을 수 있을 것입니다. 또 도평의사사와 검상조례사檢詳條例司: 법률을 제정하는 관청는 매달 마지막 날마다 그간 논의된 조례를 모두 써서 예문춘추관으로 보내 사초로 남기게 하십시오.

이 세 가지를 영구한 법도로 삼기를 청합니다."

임금이 이를 모두 허락했다.

_ 태조 1년(1392, 임신) 9월 14일

사초는 왕도 보실 수 없습니다

임금이 사관에게 즉위 이후의 사초를 모두 바치라고 명했다.* 이어 도승지 이문화에게 물었다.

"군주가 당대의 역사기록을 보지 못하는 것은 어째서인가?"

이문화가 대답했다.

"역사는 바르게 써서 숨기는 것이 없어야 합니다. 만일 군주와 대신이 당대의 사초를 보게 된다면 사관이 숨기고 꺼려 사실대로 쓰지 못할 것입니다."

* 고려의 사관이었던 이행(李行)은 태조가 우왕과 창왕을 죽였다고 기록했다. 조준이 이 기록을 발견해 태조에게 보고했고, 태조는 관련자들을 처벌했다. 이후 태조는 자신에 대해 잘못된 평가가 있을까 염려해 두 차례 더 사초를 보려고 시도한다.

임금이 말했다.

“나도 물론 그러한 뜻은 알고 있다. 그러나 당나라 태종도 당대의 역사를 본 일이 있으니 나 또한 그렇게 하고자 한다. 만일 사관이 나의 뜻을 따르지 않는다면 그 또한 신하의 도리가 아닐 것이다. 사고史庫: 사초를 보관한 창고를 열고 기록을 빠짐없이 바치도록 하라.”

_ 태조 7년(1398, 무인) 윤5월 1일

예문춘추관사 조준 등이 임금의 명을 받고 건국 이후의 사초를 모아 임금께 바치려 했다. 이에 사관 신개申槪가 상소를 올렸다.

“옛날 많은 나라들은 모두 사관을 두고 임금의 언행과 정사, 신하의 옳고 그름을 숨기지 않고 기록했습니다. 그리고 임금과 신하들에게 당대의 기록을 비밀로 하고 후세에 그대로 전하게 했습니다. 이 때문에 임금과 신하는 명령과 언행을 조심하고 감히 그릇된 일을 할 수 없었던 것입니다. 사관을 둔 뜻은 이토록 깊습니다.

예전에 당나라 태종이 방현령房玄齡에게 물었습니다. ‘앞 시대에 임금이 사관의 기록을 보지 못하게 한 이유가 무엇인가?’ 방현령이 대답했습니다. ‘사관은 거짓으로 칭찬하지 않고 나쁜 점을 숨기지 않습니다. 하여 임금이 이를 본다면 반드시 노하게 될

것이므로 임금께 보이지 않는 것입니다.'

그러나 당 태종은 끝내 방형령에게 사초를 올리라고 명했습니다. 이에 방현령은 나쁜 기록을 빼고서 새롭게 사초를 편찬해 올렸으니, 그 기록에 애매하고 숨기는 것이 많았습니다. 아마 당 태종은 현명한 군주이므로 바르게 쓴 사초라도 책망하지 않았을 것입니다. 하지만 방현령 같은 훌륭한 재상도 숨기고 감추며 있는 그대로 쓰지 못했습니다. 이러하니 훗날 당 태종만 못한 군주가 당대의 기록을 보고자 한다면, 그 신하들은 방현령보다 더 많이 숨기고 감출 것입니다.

지금까지 전하께서는 모든 일을 하·은·주 삼대의 일을 본받아 시행하셨습니다. 그런데 이번에는 교지까지 내려 지금의 사초를 보고자 하시니, 신들은 그저 조심스럽고 두려울 뿐입니다. 당 태종 또한 당대의 사초를 본 일로 후세의 비난을 면치 못했습니다. 전하께서는 어찌 이런 일을 본받으려 하십니까?

을해년태조 4년(1395)에 전하께서 사초를 보려 하시다가 그만두셨습니다. 국법을 엄하게 세우고 만세의 공론을 이루었음에 다시 이런 명령을 내리시니 저희들은 전하의 뜻을 알지 못하겠습니다. 혹 옳고 그른 것을 밝혀 후세를 경계하고자 하십니까? 그렇다면 성현들의 옛 글을 통해 흥망성쇠의 자취를 살피면 될 것입니다. 굳이 당대의 사초를 볼 필요는 없습니다. 아니면 진실과 거짓을 밝혀 잘못된 기록을 바로잡고자 하십니까? 그렇다면 지금 이 사관들을 보십시오. 모든 사관은 반드시 널리 묻고 사실을 확인한 후에야 일을 기록합니다. 어찌 헛소문이나 편벽된 의견을 역사에 남겨 후세를 속이겠습니까. 그것도 아니라면 빠뜨리고 쓰지 못한 것을 모두 기록하고자 하십니까? 그렇다면 정사를 기록하는 사관들의 인원수를 보십시오. 수십 명의 사관들이 보고 들은 것에 기초해 사초를 만듭니다. 어찌 빠뜨려 기록하지 않는 것이 있겠습니까? 신들은 진실로 모르겠습니다. 전하께서는 무엇을 위해 지금 사초를 보고자 하십니까?

창업 군주는 본디 자손들에게 모범이 되어야 합니다. 만일 전하께서 사초를 보신다면 후대의 임금들이 전하를 핑계 삼아 말할 것입니다. '우리 아버지께서 하신 일이고, 우리 할아버지께서 하신 일이다.' 이렇게 되풀이되어 관습이 된다면 사관이 어찌 사실대로 기록할 수 있겠습니까? 사관이 사실대로 쓰지 못하게 되면 선한 일과 악한 일을 드러내 후대를 경계하는 뜻을 이룰 수 없을 것입니다. 그렇게 되면 한 시대의 임금과 신하가 무엇을 꺼리고 두려워해서 스스로 반성하고 성찰하겠습니까? 하니 지금 사초를 보시는 일은 결코 자손들에게 좋은 본보기가 될 수 없습니다.

지금의 이 태평한 시대에 현명한 군주와 어진 신하가 만나 정치와 법령이 모두 훌륭하고 아름답습니다. 그런데 전하께서 사초를 보신다면 후손들이 말할 것입니다. '그때 임금이 사초를 보았으니 사관들이 어찌 사실대로 썼겠는가? 그대로 믿을 수 없다.' 그렇게 된다면 전하의 덕망과 업적이 오히려 거짓이 되어 신용을 잃게 될 것입니다. 태평성대의 이름에 누가 될 것이 분명하니, 부디 사초를 보겠다는 명을 거두어 주십시오."

임금이 윤허하지 않고 다시 명했다.

"지금 내가 친히 사초를 보려 하는 것은 내 행실의 평가를 보고자 함이 아니다. 임신년 왕위에 오를 때의 일은 대부분 은밀하게 진행돼 사관들이 잘 알지 못한다. 일찍이 지신사知申事: 고려의 왕명 출납 담당 관리였던 이행李行조차도 그 사실을 올바로 기록하지 못했는데, 다른 사관들이 어찌 임금과 신하의 일을 모두 알 수 있겠는가? 공민왕 이후의 역사 편찬서와 건국 이후의 사초를 모두 바치라."*

_ 태조 7년(1398년, 무인) 6월 12일

* 실록에는 이후 태조가 사초를 보았다는 기록이 없다.

6-3. 조선의 새벽 조회

이른 새벽 조회를 보다

아일조회衙日朝會: 매월 1일, 6일, 11일, 16일, 21일, 26일에 보는 조회를 볼 때는 5경 4점대략 해뜨기 1시간 전에, 대조회매월 1일,16일에 보는 조회를 볼 때는 5경 1점대략 해뜨기 1시간 45분 전에 신하들을 모두 궐문에 모이게 했다.

_ 태조 5년(1396, 병자) 10월 5일

임금이 이른 새벽에 조회를 보았다. 일찍이 대간이 임금이 조회를 열어 정사를 돌보지 않는다고 간언했기 때문이다. 임금이 근정전에 앉아 대궐 뜰에 화톳불을 피우게 하고 도승지 이문화에게 명했다.

"문무백관들이 정사에 관해 말할 때는 반드시 앞에 나와 얼굴을 보고 아뢰도록 하라. 물러가는 것은 정오를 알리는 북이 울릴 때까지 기다리게 하라."

_ 태조 7년(1398, 무인) 윤5월 21일

감히 먼저 말하지 못하는 대신들

이른 새벽, 임금이 근정전에 앉았다. 예관이 백관들에게 배례拜禮하라 외치니 임금이 이를 중지시키며 말했다.

"아일조회는 절을 받기 위한 것이 아니다."

또 예조에 명했다.

"각 관청의 작은 일들은 내가 직접 결재하지 않을 것이다. 나라와 백성을 위해 꼭 필요한 일만 각자 내 앞에 나와 직접 말하도록 하라."

그러나 관원들은 눈치만 볼 뿐 누구도 선뜻 나서 정사를 아뢰지 못했다. 임금이 정도전에게 물었다.

"내 말이 어떠한가?"

정도전이 대답했다.

"지당하신 말씀입니다"

임금이 정도전을 꾸짖으며 말했다.

"일전에는 많은 신하들이 나보고 조회를 보지 않는다고 책망하더니, 지금은 어찌 앞으로 나와 말하는 자가 한 사람도 없는 것인가?"

정도전이 대답했다.

"속된 말로 비유하면, 친구들끼리 잔치를 해도 먼저 노래하기가 쉽지 않은 법입니다. 하물며 임금 앞에 나가 보고하는 일이 어찌 쉽겠습니까?"

임금이 대답했다.

"하긴 그렇겠구나."

이에 대사헌 성석용成石瑢이 앞으로 나와 아뢰었다.

"오승포五升布: 중품 정도의 베로 보조 화폐 용도로 사용함는 너무 무거워 운반하기 어렵고 너무 성글어 쓰이지 않습니다. 촘촘히 짠 베 열 자[尺]를 한 필로 하는 것이 좋겠습니다."

임금이 말했다.

"그런 사소한 일들은 글로 써서 올려라."

이에 도평의사사에 내려 논의해 시행하게 했다.

이번에는 형조전서 유관柳觀이 아뢰었다.

"지금 형벌을 담당하는 관리들은 죄를 밝히는 데만 힘쓰고 사람 목숨이 귀한 줄은 알지 못합니다. 이들이 법률에 없는 온갖 방법으로 죄인을 신문하니, 죄상을 밝히기도 전에 몽둥이 아래 죽게 됩니다. 진짜 도적이라 할지라도 죄를 자백하지 않고 죽으면 일을 판결하는 데 미심쩍은 점이 생깁니다. 하물며 죄가 없는데도 목숨을 잃는다면 억울함이 얼마나 크겠습니까? 앞으로는 법에 없는 모든 고문을 금지하고, 비록 법에 있더라도 하루에 서너 번만 신문訊問하게 하십시오. 또한 항상 죄인의 말과 안색, 그리고 증거를 통해 참과 거짓을 밝히게 하시어 함부로 매질할 수 없게 하십시오."

임금이 옳게 여기고 이를 도평의사사에 내려 전국적으로 시행하라 명했다.

_ 태조 7년(1398, 무인) 윤5월 26일

조회가 끝나도 해가 뜨지 않다

임금이 사헌부에 명하기를, 조회가 끝난 관리들은 각기 해당 관청으로 출근하고 다른 업무가 있으면 반드시 사헌부에 고한 후 처리하게 했다.

조회가 끝난 후에도 아직 해가 뜨지 않았다. 이에 임금이 내전 누각에 앉아 조준·김사형·정도전·남은을 불러 술자리를 베풀었다. 임금과 신하가 모두 취해 건국의 일과 최운해崔雲海의 일을 논했다.

_ 태조 7년(1398, 무인) 윤5월 26일

6-4. 조선의 언로를 열다

언로를 열어 바른말을 들으소서

간관이 글을 올렸다.

"신들이 생각하니 공론公論이란 것은 나라의 근본입니다. 간쟁諫諍: 임금의 잘못을 비판하는 말은 공론의 뿌리가 되고 아첨은 공론의 모적蟊賊: 해충이 됩니다. 나라를 다스리는 자는 항상 그 뿌리를 기르고 모적을 제거해야 합니다. 그렇게 하면 바른 의견은 날마다 다가오고, 아첨하는 말은 날마다 멀어져 들리지 않게 될 것입니다.

옛날 우왕禹王은 순임금께 가장 먼저 백성에게 은혜 베풀기를 권했고, 끝에 가서는 유희를 삼가시라고 간언했습니다. 중훼仲虺: 탕왕의 신하는 탕임금께 누누이 말하였습니다. '간언을 따르고 꺼리지 마십시오. 자기 맘대로만 하면 옹색해집니다.' 이런 말들은 잘 다스려지는 나라에도 근심거리가 있고, 현명한 군주에게도 위험한 면이 있음을 보여 줍니다. 이로 본다면, 공론은 진실로 하루라도 없어서는 안 되는 것입니다.

지금 명석한 임금과 어진 재상이 만나 좋은 정치를 펼치고 있으니, 특별히 간언할 것이 없습니다. 그럼에도 신들이 간쟁을 들으시라고 청하는 것은 전하께서 간쟁을 포용할 도량이 있으시고, 귀에 거슬리는 말을 싫어하지 않으시며, 거만한 기색 없이 자신을 굽힐 줄 아시기 때문입니다. 엎드려 바라오니 전하께서는 언로를 열어 바른 말을 들으시고 그것을 진실로 믿고 받아들여 주십시오. 그리하면 신하들은 할 말을 다하고 숨기는 것이 없어 백성들에게 이로운 것과 해로운 것을 모두 진술할 것입니다. 그러면 나라의 원기元氣가 두루 통해 막히지 않을 것입니다."

임금이 명했다.

"나라의 큰일에 관계되는 것은 모두 글로 써서 올려라."

_ 태조 1년(1392, 임신) 11월 9일

임금의 잘못을 날날이 고하다

대사헌 박경朴經 등이 상소했다.

"임금은 하늘의 노함을 간과할 수 없고, 백성의 의혹을 무시

할 수 없습니다. 백성들의 의혹을 해소하면 하늘의 노여움은 저절로 사라집니다. 이달 22일, 전하께서 궁 밖으로 거둥하셨을 때 하늘에서 며칠 동안 천둥이 치고 우박이 내렸습니다. 이것은 하늘이 전하를 깨우쳐 스스로 반성하고 행동을 고치게 하려는 뜻입니다.

삼가 생각하오니 전하께서는 영명하신 자질로 하늘과 백성들의 도움을 받아 새 나라를 여셨습니다. 창업 이래 한결같이 하·은·주 삼대三代를 본받으시니, 이는 진실로 한당漢唐 이후 처음 있는 일입니다. 그러나 신들이 보기에 전하의 말씀과 행동이 간혹 삼대의 성인들과 다른 것이 있습니다. 이에 감히 말씀을 올립니다.

신들이 근래에 가만히 살펴보았습니다. 어떤 때는 궁궐에서 밤새도록 풍악소리가 들리니, 이는 성정性情을 기르는 바른 법이 아닙니다. 또 어떤 때는 전하의 어가御駕가 가벼이 대궐 밖으로 거둥하니, 이는 후세에 모범을 보이는 도리가 아닙니다. 또 아첨하는 사람을 좌우에 거느리고 계시니, 이는 몸을 바르게 하고 아랫사람을 거느리는 의리가 아닙니다. 또 부처와 여러 신神들에게 기도하시니, 이는 하늘을 두려워하고 스스로 살피는 데 도움이 되지 않습니다. 또, 어가에 여악女樂을 앞세우시니, 이는 의장儀仗을 갖춘 엄숙한 행렬에 흠이 됩니다. 이러한 몇 가지 일은 모든 백성들이 의아하게 여기는 일이며, 하늘이 노여워하는 것입니다.

전하께서는 이제二帝: 요임금과 순임금 · 삼왕三王: 우왕, 탕왕, 문무왕의 태평성대를 본받으시고, 한漢 · 위魏 이후의 잘못된 일을 거울로 삼으소서. 풍악을 들을 때는 절제하시고, 일정한 때를 정해 궁 밖으로 거둥하시며, 토목공사를 중지하시고, 아첨하는 무리들을 물리치시며, 부처와 신을 섬기되 화려하게 하지 마시고, 여악을 금하고 가까이하지 마십시오. 그렇게 하신다면 백성들이 즐거워하고 하늘의 노여움 또한 풀릴 것입니다. 전하께서는 깊이 살피시어 신들의 말을 들어주소서."

임금이 말했다.

"밤에 풍악을 울리고, 어가를 경솔히 움직이고, 어가에 여악을 앞세우는 일은 장차 고치겠다. 그러나 부처와 여러 신에게 제사 지낸 것은 전래의 군왕들도 지기地氣를 진압하기 위해 행한 일이고, 예조와 서운관에서 굿을 하라 청하기에 했을 뿐이다. 또 궁궐은 정사를 보는 곳이므로 너무 좁게 지을 수는 없다. 지나친 것이 있다면 다시 보고하도록 하라. 또 내 주변에 아첨하는 사람이 있다고 했는데, 그들이 누구인지 이름을 적어서 올려라."

_ 태조 4년(1395, 을해) 4월 25일

6-5. 형벌의 기준을 세우다

사형죄는 세 번 상고하라

형조에서 글을 올렸다.

"형벌을 내릴 때에는 성인도 조심했으니 신중하지 않을 수 없습니다. 옛날에는 사형에 해당되는 죄를 반드시 세 번, 혹은 다섯 번 보고한 후에 판결했습니다. 그러나 최근에는 옛 법이 행해지지 않아 판결이 잘못 내려지는 경우가 있습니다. 오늘 이후 사형에 해당되는 죄는 반드시 세 번 보고한 이후에 집행하게 하십시오. 지방에서 일어난 사형죄의 경우에는 수령이 일의 전말을 살핀 후 도관찰사에게 보고하고, 도관찰사는 직접 사건을 조사해 도평의사사에 보고하게 하십시오. 또 도평의사사에서도 다시 세 번 상고해 처결하게 하십시오."

임금이 그대로 따랐다.

_ 태조 1년(1392, 임신) 윤12월 16일

중죄를 재물로 탕감할 수 없게 하라

형조전서 유관 등이 임금께 글을 올렸다.

"형조와 옥獄의 관리는 사람의 목숨을 다루므로 항상 삼가지 않을 수 없습니다. 형벌이라는 것은 정치를 보좌하는 제도이므로 성인도 마지못해 집행할 뿐이었습니다. 오형五刑*을 받는 자들부터 볼기를 맞는 자들까지 모두 법에 의거해 형벌을 내렸습니다. 한편, 사정이 딱하거나 법률 조항이 명확하지 않은 경우에는 귀양을 보내 벌을 낮춰 주거나, 재물로 죄를 탕감해 주었습니다. 이는 모두 백성을 불쌍히 여기는 뜻으로 형벌을 내리매 만세에 변치 않을 준칙입니다.

이런 원칙으로 본다면 오형에 해당하는 중죄인은 유배로 형을 감해 줄 수는 있어도 돈으로 죄를 탕감해 줄 수는 없습니다. 주나라 목왕穆王 때에 처음으로 오형에 해당하는 중죄인도 재물로 죄를 탕감할 수 있게 했습니다. 그러나 이는 옛 성인의 제도

* 묵형(墨刑: 이마에 문신), 의형(劓刑: 코 베기), 월형(刖刑: 발꿈치 베기), 궁형(宮刑: 생식기 자르기), 사형(死刑).

가 아닙니다. 그때부터 부유한 자는 죄를 면하게 되었고 가난한 자는 형벌을 받게 되었으니, 이는 진실로 형벌을 제정한 본래의 뜻과 다릅니다.

죄가 가볍고 죄상이 명확하지 않은 경우에는 재물로 죄를 탕감해 갱생할 기회를 주는 것도 좋습니다. 하지만 무거운 죄를 범한 자가 재물로 죄를 탕감받는다면 사람들이 법을 가볍게 여기게 되어 그 폐단을 감당할 수 없을 것입니다.

원컨대 이제부터는 장杖 60대, 노역[徒] 1년 이상의 죄를 범한 자는 재물로 죄를 탕감받을 수 없게 하십시오. 대신 유배를 보내되 죄의 경중에 따라 거리에 차등을 주어야 합니다. 또한 단방斷放 이하의 죄를 지은 자도 정황이 명확하지 않고 관련된 법이 없을 경우에만 재물로 죄를 탕감할 수 있게 하십시오. 이것이 법률을 바로 세우고 옛 제도를 지키는 길입니다."

_ 태조 7년(1398, 무인) 4월 21일

6-6. 태평시대의 군사 훈련, 강무

의흥삼군부에서 상소했다.

"역대의 강무講武 제도군사훈련을 겸한 수렵대회를 살펴보았습니다. 주나라에서는 봄과 여름에 군사들을 야영시켰고, 가을과 겨울에 군대를 사열했습니다. 사시사철 언제나 훈련했으므로 군대가 숙련됐고, 중앙과 지방에서 모두 훈련했으므로 날래고 용감했습니다. 이것이 주나라가 나라를 지킨 방법입니다.

서한西漢 때에는 임금이 직접 큰 수레에 올라 쇠뇌연속 발사할 수 있는 활를 잡고 비단 두루마리를 무관에게 내렸습니다. 이로써 손자·오기의 병법을 익히게 하고, 진법陳法: 진을 치는 방법을 훈련시킨 것입니다. 오영五營: 수도 방위 관청에서는 군사를 모아 제갈량의 팔진법을 훈련시켰는데, 이것이 수도의 군사 훈련인 승법乘法입니다. 한편 지방에서는 군수와 여러 장수들이 병사들을 훈련시키며 성적을 매겼습니다. 이에 수레 타는 법, 말 타는 법, 배 다루는 법 등을 익혔으니, 이것이 지방의 군사 훈련인 도시都試입니다. 한나라 고조高祖는 군중軍中에 직접 드나들며 무기를 깊이 연구해 자손에게 지극한 모범이 되기도 했습니다.

반면, 진秦나라 때에는 강무하는 제도가 유명무실했습니다. 겨우 수도에서만 시행할 뿐 지방에서는 하지 않았습니다. 진나라가 부강한 힘으로 천하를 장악했음에도 평범한 사내의 난진승의 난으로 함곡관진나라 수도 함양을 방어하던 요새이 무너졌으니, 이는 모두 강무가 없어졌기 때문입니다.

동한東漢 또한 지방에 나라를 지키는 장수를 두지 않았고 강무 또한 폐지했습니다. 때문에 지방에는 훈련된 군사가 없었고, 변경의 관아는 적을 경계하거나 토벌하지 않았습니다. 이에 변란이 일어나면 활 쏘기와 말타기조차 모르는 백성들을 바로 강성한 적들에게 몰아넣었습니다. 싸울 때마다 번번이 패배한 것은 모두 이 때문이니, 백성을 버린 것이나 마찬가지입니다. 이 일을 상고해 보면 징병제를 폐지한 동한의 광무제에게 어찌 책임이 없다 하겠습니까?

전하께서는 신神과 같은 무사의 자질로 왕업의 기초를 닦으셨고, 예법과 문물의 제도를 모두 갖추셨습니다. 그런데 어찌 강무만은 시행하지 않으십니까? 이는 태평성대의 결함이라 할 수 있습니다. 부디 나라 안팎에서 강무를 시행하시어 편안할 때에 미리 환란에 대비하십시오.

강무를 행하는 횟수와 제도는 시대와 상황에 따라 다르니 옛 제도를 바탕으로 상황에 맞게 정하십시오. 또한 강무하는 그림도 그리게 하십시오. 서울에서는 사계절의 마지막 달에 강무하고, 잡은 짐승은 종묘와 사직에 제물로 올리게 하십시오. 지방에서는 봄·가을 두 번 강무하고, 잡은 짐승은 그 지방의 여러 신에게 제사 지내게 하십시오. 그렇게 한다면 군대는 숙련되고, 신과 사람은 화합할 것입니다. 어가가 친히 행차하는 강무, 대리로 하는 강무, 지방 관원의 성적을 매기는 강무 등은 예부에 명해 상세히 정하게 하십시오."

임금이 그대로 따랐다.

_ 태조 5년(1396, 병자) 11월 30일

6-7. 실무자 양성기관

의학 인재

전라도안렴사全羅道按廉使 김희선金希善이 도평의사사에 다음과 같이 보고했다.

"지방에는 의약에 능통한 사람이 없습니다. 원컨대 각 도에 의학교수 한 사람씩을 보내고, 각 도의 경계에 있는 큰 고을마다 의원醫院을 하나씩 설치하십시오. 그곳에서 양반 자제를 학생으로 선발하고, 글을 알고 온후한 이를 교관으로 정해 『향약혜민경험방』鄕藥惠民經驗方: 고려 후기에 발행된 향약재 책을 익히게 하십시오. 한편, 의학교수관은 여러 고을을 두루 다니면서 부지런히 교관들과 학생들을 가르치게 하십시오. 각 의원에는 사람을 따로 두어 계절마다 약재를 채취하게 하시고, 처방에 따라 약을 제조해 병자를 즉시 치료하게 하십시오."

_ 태조 2년(1393, 계유) 1월 29일

통역 인재

사역원司譯院 제조 설장수 등이 글을 올렸다.

"신이 듣건대, 나라의 정치는 인재를 근본으로 하고, 인재는 배우는 것을 우선으로 해야 합니다. 이것이 정치하는 데 학교가 중요한 이유입니다. 우리나라는 대대로 중국을 섬겼기에 중국의 언어와 문자를 익히지 않을 수 없습니다. 하여 전하께서는 건국 초기부터 사역원을 설치해 교관을 두고 학생을 가르치게 하셨습니다. 이는 중국의 언어와 문자, 글의 음과 훈, 문장의 법식을 익혀 위로는 대국을 섬기고, 아래로는 풍속을 교화시키기 위한 것입니다. 신들이 그 일을 시행하는 데 꼭 필요한 사항을 다음과 같이 열거합니다.

하나, 사역원 교수의 정원은 세 명으로 하되 중국어 두 명, 몽고어 한 명을 두고 후하게 봉급을 주십시오. 학생은 중국어와 몽고어를 각각 따로 공부하게 하고, 그 성적에 따라 상과 벌을 내립니다. 그 상벌은 교수에게도 똑같이 적용되게 하십시오.

하나, 통역을 공부하는 학생 중에는 스스로 자원해서 오는 자가 매우 드뭅니다. 이에 서울과 지방 각 도에 명해 양민 자제 중

15세 이하의 총명한 자를 선발해 해마다 한 명씩 사역원에 보내도록 하십시오.

하나, 매년 인사고과 때에는 세 명을 추천해 올리되, 중국어에 정통한 사람을 으뜸으로 정합니다. 이때 배운 지 오래된 사람이라도 발음이 좋지 않으면 상등으로 추천하지 않습니다. 만일 세 명이 모두 언어에 정통하다면 공부한 연수가 오래된 이를 으뜸으로 추천하게 하십시오.

하나, 삼 년 동안 공부해도 중국어나 몽골어에 능통하지 못한 자는 퇴학시켜 군대에 충당토록 하십시오."

임금이 도평의사사에서 내려 시행하게 했다.

_ 태조 3년(1394, 갑술) 11월 19일

七. 동북아의 역사 속에서

7-1. 조선과 명의 줄다리기

표·전문 사건, 조선의 사신을 억류하다

하정사賀正使: 신년을 축하하는 사신로 갔던 타각부打角夫: 사신의 물품을 담당하는 사람 김을진金乙珍과 압물押物: 조공물 관리 고인백高仁伯 등이 예부의 자문을 가지고 돌아왔다. 예부의 자문을 이러하였다.

"본관이 황제의 분부를 아래와 같이 고합니다.

'이전에 조선 국왕이 여러 번 불화를 일으켜 내가 명산대천의 귀신과 하늘의 상제께 그 일을 고했었다. 그런데 홍무 29년태조 5년(1396), 새해 인사로 올린 조선의 표문表文과 전문箋文: 외교 문서에 또다시 희롱하고 모멸하는 문구가 있었다. 그대들이 또 죄를 범했으니 병사를 일으켜 평화를 깨뜨린 죄를 물어야 할 것이다. 그러나 말과 글이 거만하다고 하여 군대를 일으켜 죄를 묻는 것도 옳지 못하다. 어째서인가? 옛날에 주나라가 오랑캐를 치고자 한

적이 있었다. 그때 한 사람이 간언하기를 '옳지 못합니다. 선왕께서 먼 나라에 군사를 파병하지 않는 다섯 가지 이유를 밝히셨습니다'라고 하였다. 이번에 즉시 군사를 일으키지 않는 것은 이 가르침 때문이다. 하니 이단태조에게 이번 일의 전말을 알게 하라. 또한 이번 표문과 전문을 작성한 자를 보내면 여기 잡혀 있는 조선의 사신을 돌려보낼 것이다.'"

_ 태조 5년(1396, 병자) 2월 9일

전문을 지은 김약항을 보내다

임금이 통사 곽해륭郭海隆에게 전문을 지은 김약항金若恒을 남경으로 압송하게 하고, 예부에 자문을 보냈다. 자문의 내용은 이러하였다.

"홍무 29년 2월 초아흐렛날, 신은 예부의 자문을 받고서 놀라고 황공해 몸 둘 바를 몰랐습니다. 가만히 살펴보면 우리 나라는 바다 밖 한 구석에 치우쳐 있어 말과 언어가 중국과 같지 않습니다. 하여 반드시 통역을 통해야만 겨우 문자의 뜻을 알고, 학문도 얕고 거칠어 글의 사용이 속되고 천합니다. 또한 표문과 전문의 체제와 격식도 자세히 알지 못합니다. 이 때문에 글이 경박하게 된 것일 뿐, 어찌 감히 고의로 희롱하고 모멸하는 글자를 써서 불화를 조장했겠습니까? 하늘의 해가 밝게 비추니 진실로 속이거나 기망하는 것이 아닙니다. 홍무 29년 신년 하례 표문은 성균 대사성 정탁鄭擢이 지었고, 황태자께 올린 전문은 판전교시사判典校寺事 김약항金若恒이 지었습니다. 그러나 정탁은 현재 풍질병으로 거동이 어려워 보내기가 어렵습니다. 이에 통사 곽해륭과 김약항을 보내니, 삼가 폐하의 처분을 기다립니다."

_ 태조 5년(1396, 병자) 2월 15일

정도전을 보내라고 명하다

중국 사신 상보사승尙寶司丞 우우牛牛와 환관 왕예王禮, 송패라宋孛羅, 양첩목아楊帖木兒 등이 왔다. 이에 임금이 백관을 거느리고 반송정蟠松亭: 현 경복궁 부근에 나가 그들을 맞았다. 사신들이 경복궁 근정전에 이르러 황제의 교지와 예부의 자문을 전했다.

"황제의 뜻을 받들어 자문으로 전합니다.

'이전에 조선에서 바친 신년 하례의 표문과 전문에 경박하고 모멸하는 글귀가 있어 이단태조에게 글을 지은 사람을 보내게 했다. 그런데 전문을 지은 자만 보내고 표문을 지은 정도전과 정탁은 지금껏 보내지 않고 있다. 이에 상보사승 우우 등을 보낼 테니, 정도전과 여기 억류된 사신들의 가족을 보내도록 하라.'"

_ 태조 5년 (1396, 병자) 6월 11일

정도전은 각기병이 있어 보내지 못합니다

사신 송패라가 먼저 남경으로 돌아가니 임금이 백관을 거느리고 반송정에 나가 전송했다. 판사역원사 이을수李乙修를 관압사管押使: 공물을 담당하는 사신로 삼고, 표문과 전문을 지은 우승지 정탁과 예문춘추관 학사 권근, 그것을 관리한 경흥부 사인敬興府舍人 노인도盧仁度를 남경으로 보냈다. 또한 한성윤 하윤을 계품사計稟使로 삼아 황제에게 일의 자초지종을 올리게 했다.

"홍무 29년 6월 11일에 황제께서 보내신 예부의 자문을 받았습니다. 이에 말씀하신 것을 알아 보니, 홍무 29년 신년을 하례하는 표문은 성균대사성 정탁이 썼고, 전문은 판전교시사 김약항이 지었습니다. 이에 2월 15일, 김약항을 남경에 보냈으나 정탁은 병이 있어 보내지 못했습니다. 이제 다시 폐하의 뜻을 받들어 표문을 지은 사람들을 보냅니다.

이번 일을 조사한 도평의사사의 장계狀啓: 조사 보고서에 의하면 정도전은 나이 55세, 판삼사사의 직무를 맡고 있으며 복부 창만과 각기병이 있습니다. 그는 대사성 정탁이 표문을 지을 때 함께 고치거나 교정한 일이 없다고 합니다. 그런데도 이 일에 연루됐다며 상세한 정황을 살펴 달라 사정했습니다. 이에 당시 예문관 담당자를 조사해 일의 진실을 살피기로 했습니다.

이에 노인도에 대한 조사 내용을 보고합니다. 노인도는 나이 30세, 병이 없고 예문관직관의 일을 맡고 있습니다. 그는 홍무 28년태조 4년(1395) 윤9월 14일에 대사성 정탁이 지은 표문의 초고를 판삼사사 정도전에게 보내 교정해 달라 청했습니다. 그러나 당시 정도전은 종묘의 신주를 옮기는 일과 제사 지내는 일을 맡고 있어서 표문을 고치거나 교정할 새가 없었습니다. 이에 노인도가 지문하부사 정총鄭摠과 예문관제학 권근에게 표문의 교정을 맡겼다 합니다. 조사한 바 모두 사실입니다.

이를 근거로 삼가 생각합니다. 신은 경서와 역사에 밝지 못하고, 글을 지은 자들 또한 중국과 언어가 달라 학문이 정밀하지 못합니다. 하여 표문과 전문의 체계를 잘 알지 못했고, 이에 문자가 어긋나고 틀리게 된 것입니다. 어찌 감히 고의로 우롱하고 모멸했겠습니까? 분부하신 대로 표문을 지은 정탁, 교정한 권근, 문서를 관리한 노인도를 남경으로 압송하니 처결을 바랍니다. 그러나 정도전은 표문을 교정하지 않았으므로, 이 일과 관련이 없습니다. 또한 복부 창만과 각기병을 앓고 있으므로 보낼 수 없습니다.

유구柳玽 등 억류된 사신들의 가족을 보내라 하신 것에 대해 말씀드립니다. 우리나라는 명나라를 섬긴 이래로 조금도 나태한 적이 없었습니다. 지금 사신으로 갔던 유구 등이 돌아오지 못했는데 그 가족까지 보내라 하시니 백성들이 모두 놀라고 두려워합니다. 사신들의 가족들 또한 고국을 떠나게 되어 애절하게 울부짖고 있으니 진실로 불쌍합니다.* 글을 지은 정탁, 김약항은 이미 남경에 있으니 폐하께서는 너그러이 용서하시고 백성들의 소망을 들어주십시오."

_ 태조 5년(1396, 병자) 7월 19일

* 태조 5년 11월 20일, 황제의 명에 따라 정총, 권근, 김약항, 노인도의 가족들도 남경으로 떠난다. 태조 6년 11월 30일 기사에는 이들이 모두 돌아왔다고 전한다.

7-2. 돌아오지 못한 사신들

죽음을 각오한 김약항

임금이 성균관대사성 함부림咸傅霖을 의주에 보내 남경으로 떠나는 김약항에게 말을 전했다.

"그대를 아끼지 않는 것은 아니다. 다만 조선이 명나라 조정의 뜻을 거슬렀기에 그대를 보내지 않을 수 없다. 그대는 대답을 잘하고 실수가 없도록 하라."

김약항이 명을 듣고 말했다.

"어찌 마음을 다하지 않겠습니까?"

3월 초 엿새에 김약항이 압록강을 건넜는데, 이에 앞서 함부림에게 말했다.

"신의 말씀을 임금께 전해 주시면 다행이겠습니다. '원컨대, 전하께서는 군자를 가까이 하시고 소인을 멀리하십시오. 정치와 법제를 밝게 하시고, 백성 다스리는 일에 성의를 다하시길 바라옵니다. 신이 죽고 사는 것은 염려하지 마십시오. 신은 나라를 위해 죽어도 좋다고 생각한 지 오래입니다.'"

말을 마치고 길을 떠났다.

_ 태조 5년(1396, 병자) 2월 22일

정총·김약항·노인도의 부음

정총·김약항·노인도의 아내들이 명에 다녀온 정윤보鄭允輔의 말을 듣고 이들의 장례를 치르려 했다. 임금이 이를 듣고 말했다.

"황제가 만일 정총 등을 죽였으면 예부에서 분명 자문을 보냈을 것이다. 정윤보의 말은 믿을 수 없으니 장례를 치르지 말도록 하라."*

정총의 자는 만석曼碩이고 청주 사람으로 문간공文簡公 정공권鄭公權의 아들이다. 갑술년태조 3년(1394)에 정당문학이 됐다가 예문춘추관태학사로 자리를 옮겼다. 또한 정도전과 함께 『고려국사』를 편찬했다.

을해년태조 4년(1395), 정총이 임금의 고명誥命: 황제가 이웃나라 왕의

* 장례를 치르지 말라는 어명을 내렸으나 같은 날 기사에 이들의 졸기가 실렸다.

즉위를 승인하는 문서을 청하는 일로 명나라 남경에 갔다. 이때 황제가 조선의 표문에 쓰지 말아야 할 글자가 있다며 매우 노했다. 이에 조선 사신들을 명나라에 억류했고, 그의 처자들 또한 사람을 보내 압송해 갔다. 그러나 황제는 정총이 표문을 쓴 당사자가 아니라며, 정총의 가족을 돌려보내고 대신 정도전을 잡아가려 했다. 하지만 정도전이 병이 있어 가지 못했고, 대신 권근이 임금께 청했다.

"표문을 지을 때 신도 참여했습니다. 제가 만약 자진해서 간다면 잡혀가는 것이 아니므로 용서받을 수 있을 것입니다. 또한 죄를 추궁 받고 있는 정도전도 의심을 면할 수 있을 것입니다."

이에 임금이 권근을 남경에 보냈다.

황제가 권근을 보고 노여움이 조금 풀렸다. 이에 권근과 정총 등에게 날마다 문연각文淵閣: 천자의 학문과 공부를 담당하는 곳에 나가 여러 선비들의 강론을 듣게 했고, 조선으로 돌려보내기로 결정했다. 이에 그들에게 옷을 하사하고, 사흘 동안 남경을 유람하게 했으며, 시제詩題를 내려 시를 지어 바치게 했다.

마침내 조선의 사신들이 황제께 하직인사를 올리게 됐다. 이때 권근은 황제가 하사한 옷을 입었는데, 정총은 강비신덕왕후의 상중이라 하여 흰옷을 입었다. 이에 황제가 노하여 말했다.

"너는 무슨 마음으로 내가 하사한 옷 대신 소복을 입고 나타났느냐?"

이에 정총·김약항·노인도는 남겨지고, 권근만 돌아왔다.

황제가 정총을 국문하라 명하니, 그가 어찌할 바를 모르고 두려워하다 도망쳤다. 그러나 곧 잡혀 형벌을 받았고, 김약항과 노인도는 정총의 죄에 연루돼 함께 벌을 받았다.

임금이 이 소식을 듣고 몹시 슬퍼했으며, 정총에게 문민文愍이라는 시호를 내렸다.*

_ 태조 6년(1397 정축) 11월 30일

* 태종 2년 10월 16일 기사에 김약항·정총·노인도의 후일담이 실렸다. 그에 따르면 김약항은 운남성에 귀양 가서 아내를 얻어 살고 있고, 정총과 노인도는 병들어 죽었다고 한다.

7-3. 황제의 마음을 돌린 권근

권근, 황제의 칭찬을 받다

참찬문하부사 안익安翊·동지중추원사 김희선·예문춘추관 학사 권근이 황제의 칙위 조서와 선유성지宣諭聖旨: 널리 알리는 황제의 뜻·어제시御製詩: 황제가 직접 지은 시·예부의 자문 2통을 받들고 남경에서 돌아왔다.

그 선유성지는 이러하였다.

"조선의 국왕이여, 나는 기운이 난다. 홍무 21년우왕 14년(1388), 그대 작은 나라의 군마가 압록강에 이르러 중국을 치려 했었다. 그때 이단태조이 단번에 회군해 고려의 왕이 됐고, 국호를 조선으로 고쳤다. 이는 마땅한 하늘의 도리였다. 조선의 국왕은 정성이 지극한데, 지금 선비 하나정도전가 두 나라에 사이에서 농간을 부리고 있다. 실로 바르고 곧지 못한 일이다. 작은 나라가 큰 나라를 섬길 때에는 모든 일에 지극히 정성스러워야 하고 또 바르고 곧아야 한다. 해가 어디에서 떠서 어디로 지는가? 천하에는 오직 하나의 해가 있을 뿐이며 그 해는 속일 수가 없다.

앞으로 그대 나라에서 사신을 보낼 때에는 한어漢語: 중국어를 말할 수 있는 사람을 보내고, 한어를 못하는 이는 보낼 필요가 없다. 우리 손자와 조선왕의 손녀가 혼인하는 일을 논의할 때*에는 한어를 아는 사람을 보내라.

먼저 온 네 명의 선비정총·김약항·노인도·권근 중에서 오직 권근만 성숙하고 진실하기에 그를 방면해 돌려보낸다. 조선 국왕은 내 말을 권근에게 잘 전하라. 이번에 새로 남경에 온 사람 중 한어를 할 수 있는 사람이 한 사람도 없었다. 하여 몇 사람은 돌려보낸다. 머물러 있던 네 명의 선비를 따라 온 시종들은 모두 한꺼번에 돌려보내겠다."

권근이 황제께 올린 시

권근이 남경에 가서 황제를 뵈었는데 황제가 몇 마디 대화를 나

* 태조 5년 6월 11일에 도착한 중국 사신은 명 황제가 조선과 사돈을 맺기 원한다는 소식을 전한다. 그러나 이듬해 4월 17일, 이 일을 취소하는 황제의 자문이 도착한다.

눈 후 권근의 학식이 높다는 것을 알게 됐다. 이에 황제가 24개*의 시제를 내렸고, 권근이 그에 따라 시를 지었다. 권근이 지은 시는 이러하였다.

왕씨의 서울과 작별하다王京作古

왕씨가 동녘에 나라를 일으켜, 오백 년 세월 이어왔으나
끝내 쇠약해져 도를 잃으니, 흥하고 망하는 것 진실로 하늘의 일이라
성곽은 아직도 굳건하건만, 번화하던 나라는 이미 옮겼네.
와서 보니 탄식만 더할 뿐, 높은 나무에는 쓸쓸한 연기만 서렸네

처음 동이의 하늘을 연 군주始古開闢東夷主

듣자 하니 황량했던 그 옛날, 단군께서 신단수 아래 강림하셨네
동쪽 나라 왕위에 오르시니, 바야흐로 요황제의 시절이라
대대로 전해 온 지 몇 해던가, 일찍이 햇수로 천년이 지났다오

* 실록에는 권근이 황제에게 올린 스물네 편의 시와 황제가 내린 어제시 세 편이 모두 실려 있다. 여기서는 그중 권근의 시 세 편을 골라 실었다.

훗날 기자가 대를 이으니, 여전히 그 이름 조선이라 하였네

일본을 바라보다相望日本

큰 파도 넘어 동쪽을 바라보면, 성질도 사나운 왜놈이 있다네
성인의 가르침을 받지 못하여, 날마다 방자하고 흉악하구나
이웃 나라 침범해 노략질하고, 바닷가 산기슭에 기대어 사네
원컨대 하늘의 뜻대로 토벌하리니, 죄를 묻고 개선해 돌아오게 하소서

그의 시를 아름답게 여긴 황제가 상을 내렸고, 문연각에서 강론을 듣게 했다. 또한 친히 시를 지어 권근에게 내렸는데, 그를 총애하고 기특하게 여겼기 때문이다.

_ 태조 6년(1397, 정축) 3월 8일

원종공신이 되기를 스스로 청하다

화산군花山君 권근이 임금께 글을 올렸다.

"신은 본래 어리석지만 문장에 작은 재주가 있어 전하의 은혜

를 입은 지 오래됐습니다. 그러나 항상 생각했습니다. 어진 임금이 개국하는 시절에 태어나 작위와 임무를 후하게 받았습니다. 그러나 능력이 부족해 개국하는 데 조금도 공을 세우지 못했고, 수백 명의 개국원종공신에도 끼지 못했습니다. 분수를 헤아린다면 당연한 일이지만 마음으로는 홀로 부끄러웠습니다.

가만히 생각해 보았습니다. 어진 임금과 현명한 재상이 아무리 천하에 이름을 떨치고 사해四海에 밝게 빛난다 할지라도, 문신이 글로 쓴 이후에야 후세에 전해집니다. 지금 전하의 신묘한 공과 인자한 덕은 유례가 없을 만큼 훌륭합니다. 이에 숲의 나무처럼 둘러싼 많은 문신들이 각자 재주를 펼치며 전하의 덕을 찬양하니, 그 소리가 귀에 창창합니다. 그럼에도 전하께서 신과 같이 천박하고 고루한 자에게 문장 짓는 책임을 맡기셨습니다. 이에 신은 보잘것없는 재주나마 있는 힘을 다해 전하의 공덕을 글로 펼쳤습니다. 하여 창업에는 큰 공이 없었지만 전하의 덕을 후세에 알리는 데에는 작으나마 도움이 됐습니다. 그러하니 신이 원종공신에 참여하더라도 크게 잘못된 일은 아닐 것입니다.

오랫동안 이런 마음을 품고 전하를 뵈었습니다. 그러나 스스로 추천하는 것은 선비에게나 아녀자에게나 모두 아름답지 못한 일이라 여러 해 동안 침묵해 왔습니다. 신하가 임금을 섬기는 것은 자식이 아비를 섬기는 것과 같습니다. 자식은 하고자 하는 것이 있으면 반드시 아비에게 숨김 없이 말해야 하니, 그것이 부자의 정을 지극히 하는 도리입니다. 이에 스스로 추천하는 부끄러움을 무릅쓰고, 저의 글들 중에서 나라의 근본에 관련된 한두 가지를 말씀드립니다. 삼가 자애로운 마음으로 살펴주십시오.

동북면은 왕업이 일어난 곳으로 나라의 근본이 되는 땅입니다. 중국에서 동북면 철령을 차지하려 했을 때, 신이 표문을 지어 이를 중단시켰습니다. 이는 고려 때의 일이지만 그 이익은 조선이 누렸습니다. 또 정릉定陵에 세운 환조桓祖의 비문은 신과 정총이 함께 지었습니다. 개국공신을 정하는 교서도 신이 교정했습니다. 상제上帝·사직·종묘에 제사 지내는 악장과, 도읍을 정하고 궁궐을 짓는 문서도 모두 신이 편찬했습니다. 비록 그 글들이 비루하고 속되기는 하지만 개국 초기의 업적을 후세에 전하기에는 충분했습니다.

지난해 겨울, 중국에 머무를 때에는 하정사 안익이 와서 중전마마의 부음을 전했습니다. 이때 신과 정총 등이 한림원翰林院: 명나라 예부에 중전마마의 부음을 고했고, 황제께서 이를 전해 들으셨습니다. 신들이 돌아올 때 중전마마를 애도하는 황제의 칙서와 성지聖旨를 받들어 온 것은 모두 이 때문이었습니다. 이는 지금까지 한 번도 없었던 후한 은혜입니다. 또한 신은 한림원 학사들과 더불어 전하의 위화도 회군의 공과 황제를 섬기는 정성을 거듭 칭송했습니다. 때문에 황제께서 보내신 글에 위화도 회군을 진심으로 찬미하는 말이 있었던 것입니다.

병자년태조 5년(1396) 표문 사건에 대해서도 "제가 홀로 교정했을 뿐 정도전은 함께 하지 않았습니다"라고 변명했습니다. 이 때문에 이번 황제께서 보내신 자문에 정도전을 압송하란 말이 없었던 것입니다. 또한 신은 바다 건너 작은 나라의 선비로 한림원 학사들과 함께 매일 문연각에서 강론했습니다. 황제께서 내리신 시제에 맞춰 시도 지었습니다. 이에 황제께서 직접 어제시까지 내리셨으니, 이는 조선의 명성을 중화와 세상에 널리 떨친 것입니다. 이는 모두 전하께서 정성껏 황제를 섬기시어 천지를 감동시킨 결과입니다. 그러나 그 일의 단초가 신의 한 몸으로부터 시작됐으니, 어찌 큰 행운이 아니겠습니까? 이로써 후세에 신을 일컬어 '사신의 명예를 욕되게 하지 않았고, 개국하는 초기에 조금의 공은 있었다'고 할 것입니다.

엎드려 바라옵니다. 자애로우신 전하께서는 스스로 추천하는 신의 못남을 용서하시고, 홀로 부끄러워하는 것을 불쌍히 여겨 주소서. 그리하여 신의 이름을 원종공신 끝자리에 넣어 주신다면 매우 감사할 것입니다. 신 권근은 몹시 두렵고 떨려 땀이 날 지경입니다."

이때에 설장수 또한 글을 올려 원종공신에 참여하기를 청했다. 임금이 도당에 내려 의논하게 하고, 권근과 설장수를 원종공신으로 삼았다. 임금이 녹권錄券: 공신을 증명하는 문서을 내리며 말하였다.

"이전에 하등 공신을 정할 때 우연히 권근을 포함시키지 못했을 뿐이다."

_ 태조 6년(1397, 정축) 12월 24일

7-4. 귀화하는 북방 야인들

압록강을 국경으로 삼다

평양 이북의 땅은 삼국 말기부터 모두 야인들의 사냥터가 되었다. 고려 때에는 이곳에 남쪽 백성들을 옮겨 살게 했고, 의주부터 양덕평안남도 동쪽 경계까지 장성을 쌓아 국경을 굳게 지켰다. 그러나 거처가 안정되지 않았으므로 백성들은 자주 반란을 일으켰고, 나라에서는 군사를 보내 백성들을 토벌하기까지 했다. 평안북도 의주에서는 토호 장씨가 조정의 명령을 듣지 않았고, 남방평안남도 부근에서는 왜적들이 약탈을 멈추지 않았다. 북방의 수천 리 바닷가에서 수백 리 떨어진 내륙까지 모두 불에 타 버렸으니, 들판에는 해골이 널려 있었고 인가는 사라졌다. 또, 함길도 안변 이북은 여진인들이 점령해 고려 조정의 힘이 미치지 못했다. 고려 예종 때에는 장수 윤관尹瓘을 보내 여진을 토벌하고 성을 쌓았으나 곧바로 잃어버려 겨우 명맥만 유지했다.

임금이 즉위한 이후에 그 덕이 서북면평안도 일대 백성들에게까지 미쳤다. 백성들은 편히 살며 즐겁게 일했고, 밭과 들은 개간되어 인구가 늘어났다. 의주의 토호 장사길張思吉도 임금의 휘하에 소속되기를 원했으며, 마침내 개국공신의 반열에 올랐다. 의주의 장씨가 반란을 일으키지 않으니, 의주에서 여연현 평안북도 자성군 부근까지 압록강변에 고을을 설치하고 수령을 둘 수 있었다. 이로써 압록강을 국경으로 삼았다.

두만강을 국경으로 삼다

동북면함경도 일대은 본래 왕업을 처음 일으킨 땅으로 백성들이 임금의 위엄과 은덕을 마음 깊이 품었다. 이에 야인들의 추장이 멀리서 찾아오고, 이란두만여진의 부족 이름도 모두 와서 임금을 섬겼다. 이들은 언제나 활과 칼을 차고 임금을 가까이에서 모셨고, 전쟁할 때에도 따르지 않은 적이 없었다.

임금이 즉위 이후 여진인들에게 적당한 만호와 천호의 벼슬을 주었다. 또 이지란을 시켜 이들을 위로했고, 풀어헤친 머리에 관을 쓰게 했으며, 옷을 갖춰 입게 했다. 금수 같은 행동을 고쳐 예를 갖추게 했고, 우리나라 사람들과 혼인하게 했으며, 부역과

세금도 우리 백성들과 다름없이 부과했다. 이들 역시 야인野人 추장에게 다스려지는 것을 부끄럽게 여기고 조선의 백성이 되기를 원했다.

조정은 두만강 유역의 공주현 함경북도 경흥 부근로부터 갑산개마고원 일대에 이르기까지 고을을 세우고 군진軍鎭을 설치했다. 이에 군사를 훈련시키고 학교를 세워 경서를 가르치니, 북쪽 국경에도 문무를 갖춘 정치가 행해지게 되었다. 이때부터 천 리의 땅이 모두 조선의 영토가 되었으니, 이로써 두만강을 조선의 국경으로 삼았다.

야인, 조선의 백성이 되다

두만강 밖은 우리와 풍속이 달랐으나 구주具州: 중국 흑룡강성 목단강 부근에서도 임금의 풍문을 듣고 존경하는 자가 많았다. 이에 어떤 이는 직접 와서 조회하고, 어떤 이는 아들을 볼모로 보냈으며, 어떤 이는 벼슬을 원했고, 어떤 이는 조선에 옮겨 살길 청했다. 또한 토산물을 바치려는 사람들이 길에 끊임없이 이어졌고, 기르는 말이 좋은 새끼를 낳으면 앞다투어 바쳤다. 두만강 근처의 야인들은 우리나라 사람들과 다툼이 생기면 우리 관청에서 판결을 받았는데, 감옥에 가두거나 매를 쳐도 조선 관리를 원망하지 않았다. 강무講武: 사냥을 겸한 군사 훈련할 때에는 모두 우리 군대에 소속되기를 원했고, 짐승을 잡으면 관청에 바쳤다. 법률을 어겨 벌을 받을 때에도 우리나라 사람들과 다름이 없었다.

훗날 임금께서 동북면에 거둥해 선조들의 산릉을 참배했다. 이에 두만강 밖에 사는 야인들이 앞다투어 임금을 뵈었고, 거리가 멀어서 뵙지 못한 사람들은 눈물을 흘리며 돌아갔다. 야인들은 지금까지도『태조 실록』이 편찬된 태종대 임금의 은덕을 잊지 못한다. 변방의 장수들과 술을 마실 때면 임금의 일을 얘기하며 감격해 울기를 그치지 않는다.

_ 태조 4년(1395, 을해) 12월 14일

7-5. 투항하는 왜구들*

무력과 회유의 양면 작전

대마도에 갔던 통사通事: 일본에 파견한 외교관 박인귀朴仁貴가 돌아왔고, 왜선 10척이 항복을 청했다.

_ 태조 6년(1397, 정축) 3월 25일

임금이 도당에 명했다.

"지금 경상도에 와서 항복을 청하는 왜인들의 마음이 진심인지 거짓인지 알 수 없다. 그러나 우리는 마땅히 그들의 항복을

* 태조 5년, 왜구들이 빈번히 조선 해안을 침략했다. 이에 동래, 기장 등이 함락되기도 하고, 군선이 불탔으며, 여러 장수가 전사했다. 이에 태조는 12월 3일, 우정승 김사형, 남재·신극공 등에게 일기도와 대마도의 왜적을 정벌하게 했다. 조선군의 출병 이후, 여러 왜적들이 투항해 귀화하게 된다.

받아들여야 한다. 비록 진심이 아니더라도 신뢰를 잃지 말아야 하기 때문이다. 다만 우리 스스로도 힘을 길러 둬야 할 것이다. 하여 저들이 먼저 도발하거나 도둑질하면 반드시 응징해 섬멸해야 한다."

_ 태조 6년(1397, 정축) 3월 27일

항복한 왜적의 우두머리 구육

왜적의 우두머리 구육疚六이 세 사람을 인솔하고 와서 장검과 환도를 바치며 항복했다. 구육이 조회에 나와 임금께 엎드려 절하니, 임금이 의복 한 벌과 갓 한 개를 내리면서 말했다.

"너는 어떤 마음으로 왔는가?"

구육이 대답했다.

"전하께서 항복하는 자를 위로해 주시고 지난날의 악행은 다시 묻지 않으신다고 들었습니다. 이에 토지를 얻어 전하의 백성이 되고자 합니다."

임금이 말했다.

"항복하는 자가 너 하나뿐이 아니고, 항복을 받을 자도 나 하나뿐이 아니다. 천하에 너와 같은 자들이 가득하다. 가는 사람 붙잡지 않고 오는 사람 막지 않으니 너의 거취는 오직 너의 마음에 달렸다. 너는 돌아가서 너희 무리에게 지금 이 뜻을 전하라. 너희들 중에도 분명 복과 지혜를 갖춘 자가 있을 것이니 앞날을 잘 생각해 다시 와서 고하라."

구육이 눈물을 흘리고 물러갔다. 임금이 삼사좌복야 우인열과 예문춘추관학사 하윤에게 명해 그들의 숙소에서 연회를 베풀어 주었다.

_ 태조 5년(1396, 병자) 12월 21일

임금이 근정전에 앉아 조회를 받았다. 왜인 구육이 임금 앞에 이르자 임금이 그를 위로했다. 이에 구육은 감히 쳐다보지 못하고 땀과 눈물만 흘릴 뿐이었다.

_ 태조 6년(1397, 정축) 2월 11일

조회에 참여한 나가온

왜적의 우두머리 나가온羅可溫이 병선 24척을 거느리고 항복하기를 청했다.

_ 태조 6년(1397, 정축) 4월 1일

임금이 근정전에 앉아 조회를 받았다. 투항한 왜인 나가온을 동

8품의 자리에 서게 했는데, 맨 앞에서 조금 물러나게 했다. 섬라곡국暹羅斛國: 태국 사람은 서8품의 자리에 서게 했는데, 역시 맨 앞에서 조금 물러나게 했다. 나가온에게 두터운 비단 옷 한 벌, 고운 삼베옷 한 벌, 백관의 모자, 은으로 장식한 허리띠, 가죽신을 하사했고, 그를 따라온 열두 명의 왜인에게도 각각 삼베옷 한 벌씩을 내렸다.

_ 태조 6년(1397, 정축) 4월 26일

7-6. 왜적을 공포에 떨게 한 화약

화약 제조를 포기하지 않다

검교참찬문하부사 최무선崔茂宣이 죽었다. 최무선의 본관은 영주경상북도 영천이고 광흥창사廣興倉使 최동순崔東洵의 아들이다. 그는 태어날 때부터 영민했고, 계책을 세우는 데 능했으며, 병법에 대해 얘기하기를 좋아했다. 고려조에는 벼슬이 문하부사에 이르렀다. 그가 일찍이 말했다.

"왜구를 제압하는 데는 화약만 한 것이 없다. 그러나 우리나라에는 그 제조법을 아는 사람이 없구나."

최무선은 중국 강남에서 상인이 올 때마다 그들을 찾아가 화약 만드는 법을 물었다. 그러던 어느 날, 어떤 상인 하나가 화약 제조법을 대강 안다고 대답했다. 최무선이 그를 자기 집으로 데려가 수십 일 동안 술과 음식을 주고 화약 제조법을 대강 터득

했다. 최무선이 도당에 화약 제조법을 시험해 보자고 청했다. 그러나 사람들은 그를 믿지 않고 남을 속이는 자라고 험담했다.

최무선이 여러 해 동안 포기하지 않고 계속 화약 제조를 시험해 보자고 건의했다. 이에 사람들이 감동했고, 화약국을 설치해 그를 제조提調: 기술 관련 관리로 삼았다. 최무선은 마침내 화약을 만드는 데 성공했고, 대장군포大將軍砲·이장군포二將軍砲 등의 무기를 만들었다. 최무선이 만든 무기를 본 사람들 중에는 놀라고 감탄하지 않는 자가 없었다. 또 최무선은 화력을 갖춘 전함을 연구했고, 그것을 만드는 데 성공했다.*

전함에 화포를 싣다

경신년우왕 6년(1380) 가을, 왜선 3백여 척이 전라도 진포전라남도 나주에 침입했다. 조정에서 최무선의 화약을 시험해 보고자 그를 부원수에 임명했다. 그가 도원수都元帥 심덕부沈德符·상원수上元帥 나세羅世와 함께 배에 화포를 싣고 진포에 이르렀다. 왜구는 화

* 최무선이 도입한 화약은 조선시대에 꽃을 피운다. 조선 전기의 화약은 명나라에서 탐을 낼 정도였고, 조선의 군함은 화력을 갖추게 됐다. 임진왜란 당시 조선의 해군이 승기를 잡은 데에는 거북선 등 화력을 갖춘 전함의 역할이 매우 컸다.

약이 있는 것을 모르고 배를 한곳에 집결시키고 대적했다. 이에 최무선이 배에서 화포를 발사하니, 왜적의 배가 모두 불에 타 버렸다. 배를 잃은 왜구는 육지로 올라와 전라도와 경상도를 노략질하고 지리산 운봉에 집결했다. 이때 우리 임금이 병마도원수가 되어 왜구를 한 놈도 빠짐없이 섬멸했다. 이때부터 왜구의 침략은 줄어들었고, 항복하는 자들이 줄을 이었다. 이것은 하늘이 우리 전하의 덕에 응한 것이나, 최무선의 공 역시 작지 않았다.

조선 개국 이후에 최무선은 너무 늙어 관직을 받지 못했으나 임금이 그 공을 높이 평가해 검교참찬檢校參贊에 제수했다. 최무선이 죽으니 임금이 슬퍼하며 후하게 부의했다.

최무선이 임종할 때에 부인에게 책 한 권을 주고 말했다.

"아들최해산(崔海山)이 장성하거든 이 책을 주시오."

부인이 그 책을 잘 감추어 두었다가 아들이 15세가 되자 그에게 주었다. 그 책에는 화약을 만드는 비법이 기록돼 있었고, 최해산이 그것을 익혀 조정에 등용됐다. 그는 지금태종 대 군기소감軍器少監으로 있다.

_ 태조 4년(1395, 을해) 4월 19일

7-7. 조선에 온 이방인들

섬라곡국에서 온 장사도

섬라곡국태국에서 장사도張思道 등 신하 20인을 보내 소목蘇木: 약재 1천 근, 속향束香 1천 근, 토인土人: 태국 원주민 두 명을 바쳤다. 임금이 토인 두 사람에게 대궐 문을 지키게 했다.

_ 태조 2년(1393, 계유) 6월 16일

섬라곡국의 사신 장사도 등이 다시 돌아와서 말했다.

"작년 12월에 조선 사신 배후裵厚와 함께 일본에 이르렀는데, 도적에게 공격당해 예물과 짐이 모두 불탔습니다. 다시 배 한 척을 마련해 주신다면 금년 겨울을 기다려 본국으로 돌아가겠습니다."

말을 마친 장사도가 칼, 갑옷, 구리 그릇, 그리고 토인 두 명을 바쳤다. 이때 왕이 조회를 보고 있었는데, 예조에 명해 이들을 참석케 했다.

_ 태조 3년(1394, 갑술) 7월 5일

위구르인 설장수

판삼사사 설장수偰長壽가 죽었다. 그의 자는 천민天民이요, 그 선조는 회골回鶻: 위구르 고창국高昌國: 현 중국 신장성에 있던 나라 사람이다. 지정至正 기해년공민왕 8년(1359)에 아비 백료손伯遼遜이 가족을 이끌고 우리 나라로 피난해 왔는데, 공민왕이 옛날에 알고 지낸 자라 하여 땅과 집을 주고 부원군에 봉했다. 임인년공민왕 11년(1362), 설장수는 22세의 나이로 동진사과同進士科에 합격했고, 경오년공양왕 2년(1390) 여름, 공양왕을 추대한 공으로 충의군忠義君에 봉해졌다. 개국할 때에는 이색·우현보禹玄寶와 함께 태조의 즉위에 반대했으므로 섬에 유배당했다. 그러나 태조가 즉위 전부터 인연이 있었다는 이유로 그를 다시 불렀다.

설장수는 타고난 자질이 정밀하고 민첩했으며 강직하고 굳건했다. 또한 언어에 재주가 있어 세상에 이름을 얻었고 명나라에 여덟 번이나 입조해 여러 번 칭찬을 받았다. 『직해소학』直解小學: 한어 학습서을 지어 간행했고, 시집 두어 질을 남겼다.

_정종 1년(1399, 기묘) 10월 19일

중국인 이민도

상산군商山君 이민도李敏道는 중국 하간하북 사람으로 원나라 경원로 총관慶元路摠官 이공야李公埜의 아들이다. 아버지가 나랏일을 하다가 죽은 까닭에 원나라 동지탁주사同知涿州事에 임명됐으나, 나라가 어지러워지자 외가인 명주明州: 중국 절강성의 도시에 몸을 의탁했다. 이때 마침 고려의 사신 성준득成準得이 장사성張士誠의 난이 일어난 곳중국 강소성에 갔는데, 이민도가 자청해 고려로 따라왔다.

그는 고려에서 의술과 점술로 이름이 났고, 사람들이 종종 효과를 보았다. 이에 서운부정천문·지리 담당 관리과 전의정典醫正: 의학 담당 관리이 됐고, 후에 자혜부사윤慈惠府司尹이 되어 판전의시사判典醫寺事: 의관를 겸임했다.

창업 전, 이민도가 임금을 추대할 마음을 품고서 역사적인 변혁의 일들을 임금께 여러 번 말씀드렸다. 임금이 즉위하자 공신의 반열에 올랐고 벼슬이 상의중추원사에 이르렀다. 그의 아내가 상주 사람이므로 상산군에 봉했다.

_ 태조 4년(1395, 을해) 3월 9일

일본인 평원해

일본의 중 원해原海가 처자를 거느리고 왔는데 의술에 조금 정통했다. 그에게 머리를 기르라 명하고 전의박사典醫博士에 임명했다. 그에게 평平이라는 성을 내렸다.

_ 태조 6년(1397, 정축) 8월 25일

八 · 일상의 풍경들

8-1. 재변에 대처하는 자세

천재지변은 왕의 허물이다

판삼사사 정도전에게 교서를 지으라고 명했다.

"바야흐로 양기가 한창인 이달에 비바람이 치는 음산한 재난이 있었다. 이는 보통의 변고가 아니니 내가 심히 두려워하노라. 사람의 일이 이치에 맞고 그름에 따라 하늘이 재앙을 내리기도 하고 상서로운 조짐을 보이기도 한다. 하여 옛날의 현명한 임금들은 천재지변을 만날 때마다 반드시 사람의 일을 살폈다. 또한 자신을 돌이켜 도에 힘쓰고 널리 여러 사람의 의견을 구했으니, 이는 모두 근본으로 돌아가려는 뜻이다.

지금 과인은 하늘을 대신해 백성을 다스리고 있으나 홀로 모두 다 할 수 없는 까닭에 너희 여러 재상들과 함께 정치하고 있다. 그러하니 그대들은 정사의 옳고 그름, 백성의 기쁨과 걱정을 숨김없이 진술하라. 그것을 통해 개과천선하여 천재지변을 사라지게 것이다."

_ 태조 4년(1395, 을해) 4월 24일

재변에 대처하는 법

오래 가물었으므로 이죄二罪: 사형죄 다음가는 죄 이하의 죄인들을 용서했다. 또한 도랑을 정비하고, 땅 위에 드러난 해골을 흙으로 덮고, 시체를 묻게 했다.*

_ 태조 7년(1398, 무인) 4월 25일

가뭄이 들었으므로 부처와 산신께 제사 지내고, 시장의 위치를 바꿨다.**

_ 태조 5년(1396, 병자) 4월 17일

얼음이 얼지 않고 안개가 끼었으므로 좌승지 최이崔迤를 소격전

* 가뭄이 들 때 가장 먼저 하는 조치 중 하나. 원기(怨忌)를 풀어 준다는 의미와 죽은 자에게 인정을 베푸는 의미가 있다.

** 사람들이 모이는 장의 위치를 바꿔 막혀 있는 천지의 기운을 통하게 한다는 의미가 있다.

에 보내 태일성太一星: 북쪽에 있는 별로 병란·재앙·생사를 관장에 제사 지내고, 절기와 기후가 조화롭게 되기를 빌었다.

_ 태조 2년(1393, 계유) 11월 20일

영평永平: 경기도 포천 백운산白雲山에 피 비가 내리니, 영성군寧城君 오사충吳思忠을 보내 법석法席을 베풀고 재앙을 물리치게 했다.

_ 태조 7년(1398, 무인) 6월 19일

겨울에 천둥이 치고, 우물물이 끓어 올랐다. 이에 임금이 대궐 내전內殿에서 금경金經 법석을 베풀었고, 여러 절에도 사람을 보내 법석을 열었다.

_ 태조 4년(1395, 을해) 10월 17일

별들에게 묻다

일식이 있어 해가 보이지 않았다.

처음에 일관이 아뢰었다.

"오늘 해 질 무렵에 일식이 있을 것입니다."

이에 임금이 소복 차림으로 일식을 기다리다가 해가 지고 난

뒤에야 소복을 벗었다.*

_ 태조 2년(1393, 계유) 7월 1일

하늘의 변고가 있으므로** 중앙과 지방에 선포해 살인죄 이하의 죄수를 모두 석방했다. 또한 도평의사사에 명했다.

"서울과 지방의 감옥이 모두 지저분하고 더러우며 수리도 되어 있지 않다. 이에 무더위와 혹한에 병들어 죽는 죄수가 많으니 내 심히 불쌍히 여긴다. 담당 관리에게 명해 수시로 살펴 청결에 힘쓰라."

_ 태조 4년(1395, 을해) 2월 24일

서운관에서 달이 심성心星: 동청룡의 별자리을 범했다고 보고하니, 유배 간 사람들을 용서해 주었다.

_ 태조 3년(1394, 갑술) 8월 8일

* 당시 사람들은 일식이 임금에 대한 하늘의 견책이라고 생각했다. 이에 임금을 비롯한 백관들이 모두 소복을 입고 다시 해가 나타나길 바라는 구식례(救食禮)를 행했다.

** 이해 2월 20일과 21일의 기록에 따르면 화성과 달의 움직임에 변화가 있었다.

8-2. 흥겨운 단오 풍경

격구하는 법

고려 공민왕 5년(1356), 나이 22세에 이성계가 처음으로 벼슬했다. 고려에는 단오 즈음에 젊고 재주 있는 무사와 귀족 자제를 선발해 격구 기술을 익히게 하는 풍속이 있었다. 단옷날이 되면 큰 길 한가운데 용과 봉황으로 장식된 화려한 장막을 세우고, 공을 넣는 문[毬門]을 설치했다. 왕은 이곳에 거둥해 격구를 구경했고, 연회를 열고 노래와 춤판을 벌였다. 나라의 경대부들은 모두 왕을 따랐다. 부녀자들 또한 채색한 장막을 쳐서 구경하게 했는데, 이 장막을 화채담畫彩毯이라고 불렀다. 이날이 되면 구경하는 사람들이 마치 길가의 담처럼 빽빽하게 둘러싸고 있다.

격구하는 사람들의 옷과 장식은 매우 화려하고 사치스러웠는데, 말안장 하나 꾸미는 데 드는 비용이 중인中人 열 집의 재산과 맞먹을 정도였다. 말을 탄 선수들이 두 편으로 나뉘어 마주보고 서면, 기생이 공을 잡고서 왕 앞에 나가 절도에 맞게 춤을 추고 노래를 불렀다.

> 퉁소 소리 북소리는 공을 따라 온 장내 가득하고
> 비단 장대 붉은 그물 향해 구경꾼들 머리 치켜드네

노래를 마친 기생이 공을 길 한복판에 던지면 선수들이 모두 말을 타고 달려 나온다. 이때 장대로 공을 들어 올린 자만이 경기를 계속하고, 나머지는 모두 제자리로 돌아간다.

경기하는 법은 이렇다. 먼저 선수가 격구채끝에 공을 잡을 수 있는 고리가 달렸다로 공을 들어 올리는데, 이것을 배지排之라 한다. 배지 후에는 장대의 고리 바깥쪽으로 공을 쳐 올리는데 이것을 지피持皮라 한다. 배지와 지피의 동작을 세 번 반복하고 나면 선수는 말을 달려 공을 공문으로 몰아간다. 이때 공을 마음대로 쳐서는 안 되며, 반드시 먼저 비이比耳 자세를 취해야 한다. 비이란 장대를 수직으로 세워서 말의 귀와 나란하게 놓는 자세를 말한다. 비이를 마친 후에야 선수는 팔을 위에서 아래로 크게 휘둘러 공을 공문으로 날려 보낼 수 있다. 이 자세를 수양垂揚이라고 한다.

이때 공을 공문으로 통과시키는 사람이 매우 적었다. 공문을 스치게 하는 사람도 열에 두세 명 정도였고, 중도에 포기하는 사람도 많았다. 공을 통과시킨 사람이 있으면 같은 편의 사람들은 모두 말에서 내려 임금 앞에 나가 두 번 절했다.

이성계 또한 선수로 선발됐다. 이성계가 공을 공문으로 몰아가는데, 말을 매우 빨리 몰아 금세 수양 자세까지 취하게 되었다. 바로 그때 공이 돌에 부딪혀 말 꼬리 쪽으로 튀어나갔다. 그러자 이성계는 즉시 하늘을 향해 몸을 뒤로 눕혔다가 말 옆구리 쪽으로 몸을 기울여 꼬리 쪽에 있는 공을 쳐 냈다. 공이 다시 말 앞쪽으로 굴러 오니 이성계가 공을 쳐서 공문을 통과시켰다. 이때부터 이 기술을 방미防尾라 부르게 되었다.

또 한 번은 수양 자세를 취했을 때 공이 기둥에 부딪혀 왼쪽으로 튀어나갔다. 이에 이성계가 오른쪽 등자에서 발을 빼고 몸을 말 왼쪽 옆구리에 붙이고는 다시 공을 고리에 걸었다. 이때부터 이 기술을 횡방橫防이라 부르게 되었다. 이것을 본 나라 사람들이 지금껏 보지 못한 일이라며 크게 놀랐다.

_ 태조실록 총서

돌 던지기 놀이

임금이 청심정淸心亭: 개성에 있는 정자에 올라서 돌 던지는 놀이를 구경했다.

_ 태조 2년(1393, 계유) 5월 2일

성 안에 돌 던지는 놀이꾼을 모집해 척석군擲石軍이라 했다.

_ 태조 3년(1394, 갑술) 4월 1일

임금이 궁궐 남문에 거둥해 돌 던지는 놀이를 구경했다. 절제사 조온은 척석군을 거느리고, 판중추원사 이근李懃은 여러 왕실 호위 군대를 거느리고 좌우로 나뉘어 해가 질 때까지 돌 던지기를 했다. 이에 죽고 상한 사람이 자못 많았다.

_ 태조 7년(1398, 무인) 5월 5일

8-3. 금주령과 음주 사건들

술 취해 말에서 떨어져 죽은 홍영통

남양백南陽伯 홍영통洪永通이 말에서 떨어져 죽었다. 홍영통은 공민왕 때 문음門蔭: 귀족의 자제가 과거를 거치지 않고 벼슬하는 것으로 출사했다. 천성이 순박하고 조심스러웠으며 항상 법도를 따르는 데 힘쓰고, 임금께 따로 청탁하는 것이 없었다. 국초에 나라의 원로로서 남양백에 봉해졌으며 임금께 특별한 우대를 받았다.

이때에 홍영통이 임금의 생신 잔치에 갔다가 몹시 취했는데, 집으로 돌아오는 길에 말이 놀라는 바람에 그만 떨어져 죽었다. 임금이 몹시 슬퍼하며 사람을 보내 제사 지내게 하고, 예를 갖춰 장사 지내게 했다.

_ 태조 4년(1395, 을해) 10월 11일

술에 취해 임금을 비방한 이전

전 안동부사 이전李專이 정희계와 함께 익안군 이방의의 집에 가서 술을 마셨다. 그가 몹시 취해 정희계와 서로 농담을 주고받았는데 임금을 비방하고 비웃기까지 했다. 얼마 후, 정희계가 이전의 말을 임금께 아뢰니, 임금이 사헌부에 명해 이전을 국문하게 했다. 이전은 술에 취해 자신이 뭐라 말했는지 기억이 나지 않는다고 대답했다.

_ 태조 5년(1396, 병자) 3월 9일

사헌부에서 상소를 올려 이전을 법에 따라 죄주기를 청했다. 이에 정안군 이방원이 아뢰었다.

"신은 전하께서 왕위에 오르시기 전, 이전의 아비 이달충李達衷이 그 자손을 부탁했다고 들었습니다. 이전이 비록 죄를 지었지만 죽이는 것은 옳지 못합니다."

그제야 임금이 깨닫고 형조에 명했다.

"이전은 본래 거칠고 경솔해 사정을 봐줄 필요가 없다. 그러나 그 아비 이달충은 일찍이 나와 신의로 벗하던 사람이다. 만일 내가 그 아들을 죽인다면 이달충의 혼이 무어라 하겠는가? 그의 죄를 용서하라."

이에 이전을 해남에서 노역하게 하고 가산을 몰수했다. 이전은 해남에서 복역하던 중 죽었다.

_ 태조 5년(1396, 병자) 4월 27일

술주정으로 탄핵당한 최선과 최굉

간관이 간언했다.

"전 소감少監 최선崔宣·전 정언正言 최굉崔宏·전 정랑正郞 이반李蟠 등이 밤에 창기娼妓를 모아 풍악을 울리며 금주령을 어겼습니다. 또한 술주정을 부리며 남의 집에 난입해 그 집의 기물을 파손하기도 했습니다. 더욱이 최선과 최굉은 조모의 상중이었는데 이와 같이 거칠고 음란한 행동을 했습니다. 담당 관청에 명하여 법에 따라 죄를 주소서."

임금이 그대로 따랐으나, 이반은 특별히 용서했다.

_ 태조 6년(1397, 정축) 4월 12일

금주령을 내리다

사헌부에서 상소했다.

"옛날 성스러운 제왕과 현명한 왕들이 제도와 법을 만들 때,

술잔과 제기 그리고 여러 악기를 제작했습니다. 천지와 종묘에 제사드리고, 조정의 일에 사용하기 위해서였습니다. 또 제사와 연회에서 술잔 올리는 법도를 정해 각각 자신의 직분을 지키게 했습니다. 이는 백성을 안정시키고 술에 빠져 화를 자초하지 못하게 하려는 뜻이었습니다.

『서경』에 이르기를, '술은 오직 제사 때만 마시고 취하지 말라'고 했습니다. 또 『예기』에 말하길, '술 한잔 올릴 때마다 손님과 주인이 백 번 절하게 한 것은 종일 마셔도 취하지 않게 하려는 것이다'라고 했습니다. 이는 인성을 길러 재앙을 막으려는 것으로, 술을 금하는 최상의 방법입니다. 한편, 한나라·위나라 이후로는 자연재해를 만날 때 술을 금해 곡식을 아꼈습니다. 이것은 술을 금하는 중등의 방법입니다. 나라에서 재물이 부족할까 염려하여 술을 독점적으로 판매해 이익을 취하기도 했습니다. 이것은 술을 금하는 최하의 방법입니다.

지금 전하께서는 하·은·주 삼대를 본받아 예악을 세우고 계십니다. 그런데 어찌하여 금주령 하나만은 진창에 처박아 두고 고치지 않으십니까? 신들이 생각하기에 금주령은 사람들이 그 본성을 해쳐 재앙을 일으킬까 염려하여 내리는 것입니다. 고려 말, 기강은 해이해지고 예법은 허물어져서 사람들이 옛날 진晉나라의 풍류를 따랐습니다. 하여 머리를 풀어헤친 채 술을 마시면서 스스로 마음이 넓고 트였다고 여기며 예법을 버리고 세상 만사를 잊었습니다. 백성들이 이를 본받아 나라의 풍속이 되었고, 그것이 지금까지 이어지고 있습니다.

또한 오늘날 손님을 맞는 집에서는 지위 고하를 막론하고 사치만 숭상합니다. 몇날 며칠 잔치를 준비하며 궁궐에서 쓰는 법주法酒가 아니면 쓰지 않고, 진기한 과자가 아니면 차리지 않습니다. 또한 음식 그릇이 상 위에 가득 차지 않으면 손님을 청하지도 않습니다. 이것이 어찌 그저 재물만 허비하는 것이겠습니까? 그 손실이 상하의 질서를 잃는 데까지 이르고 있습니다. 심한 자들은 한 번에 몇 말의 술을 마시고 수일 동안 정신없이 취해 시간을 잊고 해야 할 일을 내팽개치기도 합니다.

원컨대 지금부터 종묘의 제사와 조정의 연회, 그리고 사신 접대를 제외하고는 관리들이 모여 술 마시는 것을 금하소서. 그리하면 술로 인해 직무를 보지 못하는 폐단이 없어질 것입니다. 또한 공인工人과 상인, 천한 노비들이 떼를 지어 술 마시는 것을 금하소서. 그리하면 본성을 잃고 재앙을 일으키는 근본을 뿌리 뽑게 될 것입니다. 만약 이를 어기는 자가 있다면 크게 징계하시고, 술을 금하는 것을 변치 않는 법령으로 삼으소서."

임금이 그대로 따랐다.

_ 태조 4년(1395, 을해) 4월 25일

8-4. 천태만상 관리들

신선술을 배우려는 유경

좌산기상시左散騎常侍 유경이 임금에게 나아가 아뢰었다.

"신이 지극한 은혜를 입어 높은 관직에 있습니다. 그러나 나라에 도움은 안 되고 녹봉만 받고 있으니 마음속으로 비루하게 생각합니다. 이제 직책을 내려놓고 물러나 신선술을 배우고자 합니다."

임금이 말했다.

"내가 그대의 학식과 인품을 인정한 것이 하루 이틀이 아니다. 다른 신하들 또한 내가 그대를 매우 후하게 대우한다고 생각하는데 이렇게 갑자기 떠나 버린다면 사람들이 뭐라고 하겠는가? 또한 신선술을 배우는 사람은 반드시 임금과 어버이를 버리게 된다. 그대가 나를 버린다면 불충이 되고, 어버이를 버린다면 불효가 된다. 어찌 신선술을 배우려는 것인가?”

_ 태조 2년(1393, 계유) 11월 5일

글씨 잘 써서 사면된 변혼

겸상서녹사兼尙瑞錄事 변혼卞渾이 달아났다. 변혼이 개인적으로 어떤 두 사람을 천거해 위정尉正의 벼슬을 주고는 그 녹봉을 가로채 자기가 모두 써 버렸다. 이 일이 탄로나 사헌부에서 탄핵하자 달아난 것이다.

_ 태조 3년(1394, 갑술) 6월 18일

임금이 고려 왕씨의 복을 빌기 위해 금으로 『법화경』法華經 4부를 써서 각 절에 나누어 두고 때때로 읽도록 했다. 당시 변혼은 죄를 범하고 도망 중에 있었는데, 글씨를 잘 쓴다는 이유로 임금이 불러 『법화경』을 쓰게 했다.

_ 태조 3년(1394, 갑술) 7월 17일

과거에서 벌어진 부정 행위

임금이 근정전에 앉아서 이수李隨 등 99명의 생원에게 홍패紅牌:

붉은색 종이에 쓴 합격증와 어사화를 내리고, 술과 과자를 하사했다. 이때 공주에 사는 박이朴彛가 합격하지 못했는데, 그와 친한 환관 조순이 민여익에게 청탁을 넣었다. 이에 민여익이 성균장무成均掌務 이희로李希老를 시켜 박이의 답안지를 찾아 합격한 시험지 사이에 끼워 두었다. 그러나 함부림이 이를 알고 뽑아서 던져 버렸다.

_ 태조 5년(1396, 병자) 6월 1일

남의 집터를 빼앗은 이거인

간관 장지화 등이 판 개성부사 이거인李居仁을 탄핵했다.

"이거인은 남을 잘 속이는 인물입니다. 전하께서 즉위하신 초기에 중국에 사신으로 가서 남몰래 무역을 했는데, 이때 사들인 비단을 내주萊州: 중국 산동성의 해안가에서 도둑맞았습니다. 이에 이거인은 종사從事: 조선시대 종8품 잡직 김부개金夫介와 이인길李仁吉에게 억지를 부려 그 비단을 보상하게 했습니다. 우리나라에 돌아와서도 그 분을 풀지 못하고 이인길을 감금해 병들어 죽게 했습니다. 그 탐욕하고 포학함이 지극히 심합니다.

또 이거인은 새 도읍을 건설할 때 토지의 분배를 맡았습니다. 그때 이조의랑 최사위崔士威가 점유한 집터를 빼앗으려고 했으나 그 욕심을 이루지는 못했습니다. 대신 검교중추원부사 최융崔融의 집을 빼앗았으니, 그의 처자가 집에서 쫓겨나 추위 속에서 통곡했습니다. 이 때문에 앞서 신들이 이거인을 탄핵했던 것입니다.

그는 전하의 은덕으로 옛날의 관직과 품계를 모두 돌려받았습니다. 그러나 아직도 잘못을 뉘우치지 않은 채 망령되이 조성도감에 나와 거짓으로 주변을 어지럽히고 담당 관리를 비난합니다. 청컨대 그의 직첩을 거두시고 국문하여 죄를 밝혀 주소서. 사신으로 가서 물건을 교역한 죄를 징계하시고, 새 도읍에서 약탈하는 폐단을 막아 주소서."

그러나 임금은 이거인이 원종공신이라 하여 파직만 허락하였다.

_ 태조 4년(1495 을해) 1월 8일

근무 시간에 바둑 둔 사간원 관리들

사간원에서 중추 유운柳雲과 정용수鄭龍壽 등을 탄핵했다. 유운과 정용수가 도흥都興·김승金陞 등과 함께 도당에 있다가 조용히 옆방으로 건너가 바둑을 두며 놀았기 때문이다.

_ 태조 7년(1398, 무인) 1월 15일

코를 골며 잔 우인열

문·무반 3품 이하의 관원이 도당에서 상급 관리에게 인사를 올리고 있었다. 이때 문하시랑찬성사 우인열이 평상에 걸터앉아 코를 골며 잤으므로 사간원에서 그를 탄핵했다.

_ 태조 7년(1398, 무인) 6월 1일

공문서 위조, 노을생

노을생盧乙生이 전의소감典醫少監 정세용鄭世龍의 임명장을 얻어서 그 이름을 긁어내고 방용제方用濟로 고쳐 썼다. 그가 후한 뇌물을 받고서 이를 방용제에게 주었는데, 마침내 일이 발각되었다. 이에 노을생은 참형을 당했고, 방용제도 곤장을 맞았다.

_ 태조 4년(1395, 을해) 3월 1일

8-5. 말보다 못한 노비의 몸값

노비의 몸값을 올려 정하다

형조도관刑曹都官: 노비 관련 일을 맡아보던 관청에서 아뢰었다.

"요즘 노비의 값은 많아도 오승포五升布 150 필에 지나지 않는데, 말 값은 400에서 500필에 이릅니다. 이것은 가축을 귀중히 여기고 사람을 가벼이 여기는 것으로 도리에 맞지 않습니다. 지금부터 남녀 노비의 값을 15세 이상에서 40세 이하인 자는 4백 필, 14세 이하인 자와 41세 이상인 자는 3백 필로 정하길 청합니다. 이로써 노비 매매에 관한 논란을 불식시키고, 판결의 기준이 되게 하소서. 도망친 노비가 주인에게 바쳐야 할 세금[役價]은 한 사람당 한 달에 오승포 세 필로 하고, 세월이 오래되었더라도 더 받지 못하게 하소서."

임금이 그대로 윤허했다.

_ 태조 7년(1398, 무인) 6월 18일

노비를 둘러싼 다툼들

전 산원散員 김귀생金貴生과 전 현령 이적李迪이 노비 문제로 다투고 틈이 생겼다. 이에 김귀생이 몰래 이적이 반란을 꾀한다는 익명서를 만들어 돌렸다. 도당에서 익명서를 보고 이적을 신문하며 물었다.

"혹 그대에게 원한을 가진 자라도 있는가?"

이적이 대답했다.

"오직 김귀생 한 사람 뿐입니다."

이에 도당에서 사람을 보내 김귀생을 잡고 집을 수색했는데, 과연 익명서의 초본이 있었다. 이에 김귀생을 능지처참하고 그 시체를 길에 방치했다.

_ 태조 7년(1398, 무인) 4월 8일

형조에서 아뢰었다.

"차승도車承道란 자가 노비 문제로 송사를 제기했습니다. 그런데 판결도 나기 전, 사람을 모아 길에서 상대를 구타하고 물건을 빼앗았으나 현재 그를 처벌할 법률 조항이 마땅치가 않습니다."

임금이 말했다.

"대낮에 무리를 모아 사람을 구타하고 물건을 빼앗은 것은 강도짓이이나 마찬가지인데 규정된 조례가 없다니 무슨 말인가? 형조의 관리는 두루 사물에 통달한 선비이거나 경험 많은 자가 맡아야 한다. 그런데 그대들은 어찌 이토록 사리에 밝지 못한가? 형조에서는 이 일을 법률에 의거해 공정하게 처결하고, 그 내용을 문서로 작성해 올리라. 용서할 것인지 아닌지는 내가 살필 것이다."

_ 태조 7년(1398, 무인) 6월 7일

8-6. 목화씨가 들어온 사연

전 좌사의대부左司議大夫 문익점文益漸이 죽었다. 문익점은 경상도 진주 강성현 사람이다. 아버지 문숙선文淑宣은 과거에 급제했으나 관직에 오르지 않았다. 문익점은 가업을 계승해 글을 읽었고, 경자년공민왕 9년(1360)에 과거에 급제했다.

문익점이 서장관書狀官: 중국에 보내는 사신 중 기록 담당이 되어 원나라 조정에 갔다. 돌아오는 길에 길가에 있는 목화나무를 보고, 그 씨앗 10여 개를 따서 주머니에 넣어 가지고 왔다. 갑진년공민왕 13년(1364)에 진주로 돌아온 그는 가져온 씨앗 절반을 전 전객영典客令 정천익鄭天益에게 기르게 했는데, 이때 싹을 틔워 자란 목화는 단지 한 그루뿐이었다. 문익점 자신이 직접 기른 목화는 모두 꽃을 피우지 못했다.

가을이 되어 꽃이 핀 한 그루에서 씨앗을 수확하니, 그 숫자가 백여 개나 되었다. 이에 해마다 씨앗을 더 많이 심었고, 정미

년공민왕 16년(1367)에는 고을 농부들에게 씨앗을 나누어 주고 목화농사를 권장했다.

중국의 승려 홍원弘願이 정천익의 집에 이르렀데, 목화나무가 있는 것을 보고는 너무 기뻐 울며 말했다.

"이곳에서 고향의 꽃을 볼 줄은 생각지도 못했습니다."

정천익이 며칠 동안 홍원을 후하게 대접하고, 목화에서 실을 뽑는 방법과 면포 짜는 기술을 물었다. 이에 홍원이 그 기술을 자세히 알려주고, 직접 면포 만드는 기구를 만들어 주었다. 정천익이 여종에게 기술을 가르쳐 면포 1필을 짜게 했다. 이후 이웃 마을에 그 방법을 널리 전해, 서로 배우고 익혔다. 이에 10년이 지나지 않아 온 나라에 면포가 널리 보급되었다.

을묘년우왕 원년(1375)에 이 일이 조정에 알려져 문익점은 전의주부典儀注簿가 되었고, 여러 번 승진해 좌사의대부左司議大夫에 올랐다. 그의 나이 70세에 죽으니, 아들은 문중용文中庸·문중실文中實·문중계文中啓이다.

_ 태조 7년(1398, 무인) 6월 13일

8-7. 조선에 남은 고려대장경

고려대장경을 인쇄하라

첨서중추원사 정총에게 『대장경』을 인쇄할 발원문을 지으라 명했다. 이에 정총이 아뢰었다.

"전하께서는 어찌 불사를 이토록 정성껏 하십니까? 청하오니, 믿지 마십시오."

임금이 말했다.

"이색은 유학의 최고 스승이 되었는데도 불교를 믿었다. 만약 믿을 것이 못된다면 이색이 어찌 이를 믿었겠는가?"

정총이 대답했다.

"이색이 학식이 높은 선비임에도 남에게 비난받는 이유가 진실로 그 때문입니다."

임금이 말했다.

"그렇다면 이색이 자네만 못하단 말인가? 다시 말하지 말라."

_ 태조 1년(1392, 임신) 윤12월 4일

임금이 연복사演福寺에 오층탑을 짓고 인쇄된 『대장경』을 보관하게 했다. 오층탑이 완성되니 승려들에게 공양供養: 밥과 의복을 제공함하고 『대장경』을 읽게 했으며, 왕사 자초무학대사에게 강설하게 하였다.

_ 태조 2년(1393, 계유) 10월 17일

대장경을 청하는 왜인들

이달에 일본국 진서鎭西: 규슈 절도사 원요준源了俊이 사신을 보내 『대장경』을 청했다.

_ 태조3년(1394, 갑술) 12월 26일

이달에 일본국 좌경권대부左京權大夫 다다량의홍多多良義弘이 통축通笁·영림永琳 두 선승을 사신으로 보냈다. 그들은 왜적을 금지하고 포로로 잡아간 조선인들을 돌려보내겠다고 아뢰었다. 또, 예물을 바치고 『대장경』을 청했다.

_ 태조 5년(1396, 병자) 3월 29일

대장경을 운반하다

강화 선원사禪源寺에 있던 『대장경』 목판을 옮겨 왔으므로 임금이 용산강에 거둥했다.

_ 태조 17년(1398, 무인) 5월 10일

군인 2천 명에게 『대장경』 목판을 한양의 지천사支天寺로 운반하게 했다.

이때, 검교참찬문화부사 유광우兪光祐가 향로를 들고, 오교五敎양종兩宗의 중들은 불경을 외우며 『대장경』의 운반 행렬을 뒤따랐다. 앞에서는 의장대가 북을 치고 피리를 불면서 행렬을 인도했다.*

_ 태조 7년(1398, 무인) 5월 12일

* 한양으로 옮긴 『대장경』은 곧 합천 해인사로 운반된다. 이후 태조는 사비를 털어 『대장경』을 인쇄한다.(『정종실록』 1월 9일 기사)

참고자료 | 조선왕조실록 속 관직명

간관諫官 : 사간원(司諫院)과 사헌부(司憲府)에 속하여 임금의 잘못을 간(諫)하고 백관(百官)의 비행을 규탄하던 벼슬아치.

경력經歷 : 종4품 관직으로 조선 초기에는 충훈부(忠勳府)·의빈부(儀賓府)·의금부(義禁府)·개성부(開城府)·강화부(江華府)·오위도총부(五衛都摠府)·중추부(中樞府) 등에서 행정실무를 맡아 보았다.

관찰사觀察使 : 조선시대 문관의 종2품 외관직(外官職)으로 감사(監司)라고도 한다. 지방의 도(道) 또는 부(府)의 장관으로, 병마절도사(兵馬節度使)·수군절도사(水軍節度使)의 무관직을 거의 겸하고 있었다. 조선 초기에는 안렴사, 관찰사 등의 이름으로 자주 바뀌었다가 세조 때부터 관찰사로 명칭이 굳어졌다. 자기 관하의 수령(守令)을 지휘 감독하며 사실상 경찰·사법·징세권을 행사함으로써 지방행정상 절대적 권력을 가졌다. 관찰사의 관아를 감영(監營)이라고 한다.

대사간大司諫 : 사간원의 으뜸 벼슬로 정3품이다. 임금에게 간언하는 일을 맡아 보면서, 다른 사람의 상소를 임금에게 올리는 일도 맡았으므로 학식과 경험이 풍부한 사람이 임명되었다. 아래로 사간(司諫: 종3품), 헌납(獻納: 정5품) 각 1인, 정언(正言: 정6품) 2인을 두었다.

대사헌大司憲 : 사헌부의 으뜸 벼슬로 종2품. 현실 정무(政務)를 논평하고, 모든 관료를 규찰하며 풍속을 바로잡고, 외람되고 거짓된 것을 금하는 등의 일을 관장했다. 아래로 집의(執義) 1인, 장령(掌令)과 지평(持平) 각 2인, 감찰(監察) 13인을 감독하고 통솔하였다. 대사헌 이하 집의·장령·지평까지의 사헌부 소속 관원을 통칭 대관(臺官)이라 하였는데, 이들은 청환직(淸宦職)으로 문과 급제자 중 청렴 강직하여 시류에 영합하지 않고, 옳다고 믿는 바를 굽히지 않고 직언할 수 있는 인물이어야 하므로, 승문원(承文院)·성균관(成均館)·홍문관(弘文館) 등을 거친 젊고 기개 있는 인재들이 임명됐다.

도승지都承旨 : 승정원(承政院)의 으뜸 벼슬. 왕명을 전달하거나 신하들이 왕에게 올리는 글을 상달하는 일을 맡아 보았다.

승지承旨 : 승정원의 정3품 관직. 도승지(都承旨)·좌승지(左承旨)·우승지(右承旨)·좌부승지(左副承旨)·우부승지(右副承旨)·동부승지(同副承旨) 등 여섯 승지를 말하며, 왕명의 출납을 담당하였다. 태종 원년(1401)에 대언(代言)으로 명칭을 바꿨다가 후에 다시 승지로 고쳤다.

영사領事: 조선시대 삼사(三司), 돈령부(敦寧府: 조선시대 종친부에 속하지 않은 종친과 외척을 위해 설치되었던 관서), 경연(經筵), 집현전 (集賢殿), 홍문관(弘文館), 예문관 (藝文館), 춘추관(春秋館), 중추부(中樞府) 등의 으뜸 벼슬.

영춘추관사領春秋館事 : 고려·조선시대 춘추관에 두었던 정1품 관직으로, 영관사(領館事) 또는 영사(領事)라고도 함. 영의정이 겸임하였다.

전랑銓郞 : 조선시대 문무관의 인사행정을 담당하던 이조와 병조의 정5품관인 정랑과 정6품관인 좌랑직의 통칭. 특히 여론 기관인 삼사의 관리를 임명하고 자신의 후임을 추천할 수 있었던 이조전랑이 중시되었다.

정언正言 : 사간원의 정6품 관직. 간관으로서 국왕에 대한 간쟁(諫諍)과 봉박(封駁: 임금에게 글을 올려 일의 옳지 아니함을 논박함)을 담당했다. 실제 임무는 훨씬 폭이 넓어서, 사간원의 다른 관료 및 사헌부·홍문관의 관료와 함께 간쟁·탄핵·인사 등에 대한 언론과 경연·서연의 참여 및 인사 문제와 법률 제정에 대한 서경권(署經權), 국문(鞫問) 및 결송(決訟) 등에 참여했다.

좌대언左代言 : 조선 초기 승추부(承樞府)와 승정원(承政院)의 정3품 관직. 왕명

의 출납을 맡아 보았다.(→승지 참조)

좌랑佐郞 : 조선시대 육조(六曹)의 정6품 관직으로 정랑(正郞) 다음 직급이었으며, 중견 행정 실무자들이었다.

지사知事 : 돈령부(敦寧府: 조선시대 종친부에 속하지 않은 종친과 외척을 위해 설치되었던 관서)·의금부(義禁府)·경연(經筵)·성균관(成均館)·춘추관(春秋館)·중추부(中樞府)·훈련원(訓鍊院)의 종2품 벼슬로, 모두 겸직이었다.

지신사知申事 : 왕명의 출납을 담당하던 승추부(承樞府)와 승정원의 최고위 관직인 도승지(都承旨)의 별칭이다. 정2품으로 왕명의 출납(出納)을 맡았다.

지중추원사知中樞院事 : 조선 초기 궁궐을 수비하며 군사 기밀을 전달하는 등 군사 관계를 맡았던 중추원의 종2품 관직.

지춘추관사知春秋館事 : 조선시대 춘추관의 차관급 관직으로, 좌의정과 우의정이 겸임하였다.

찬성사贊成事 : 고려 후기 첨의부(僉議府)의 정2품 관직으로, 조선 건국 직후인 1392년에는 문하부의 종1품 관직으로 시랑찬성사와 찬성사 1인씩을 두었는데, 이후 1414년(태종 14년)에 동판의정부사(同判議政府事)로 개칭되고 같은 해에 다시 좌참찬·우참찬으로 바뀌었다.

참의參議 : 육조에 소속된 정3품 당상관(堂上官)으로 정원은 각 1인씩 총 6명이다. 참판(參判) 다음 직책으로 각 조의 참판과 함께 판서를 보좌하면서도 판서와 대등한 발언권을 지니고 있었다.

판교判校 : 외교문서에 관한 일을 맡아 보던 승문원(承文院)과 경서(經書)의 인쇄 및 발행을 맡아 보던 교서관(校書館)에 각각 두었던 정3품 관리.

판서判書 : 육조의 장관으로 정2품 관직. 1405년(태종 5)에 설치하여 1894년(고종 31)에 폐지되었다. 개국 초에는 전서(典書)로서 지위가 낮아 정치에 깊이 참여하지 못했기 때문에 1405년(태종 5)에 판서로 고치고 품계도 정2품으로 올려 의정부에서 관장하고 있던 실권도 물려받았다. 지방 행정·군정·외교 등을 위한 도순문사(都巡問使)·도순찰사(都巡察使)와 중국에 파견되는 각종 사신 등에 차출되었다.